16. Wissenschaftliche Plenarsitzung
Entwicklungsmöglichkeiten künftiger Siedlungsstrukturen

CIP-Kurztitelaufnahme der Deutschen Bibliothek

Entwicklungsmöglichkeiten künftiger Siedlungsstrukturen:
Referate und Diskussionsbemerkungen anläßlich der wissenschaftl. Plenarsitzung 1977 in Bremen. — Hannover: Schroedel, 1978.
 (Veröffentlichungen der Akademie für Raumforschung und Landesplanung: Forschungs- und Sitzungsberichte; Bd. 123: Wissenschaftl. Plenarsitzung; 16)
ISBN 3-507-91473-5

VERÖFFENTLICHUNGEN
DER AKADEMIE FÜR RAUMFORSCHUNG UND LANDESPLANUNG

Forschungs- und Sitzungsberichte
Band 123
16. Wissenschaftliche Plenarsitzung

Entwicklungsmöglichkeiten künftiger Siedlungsstrukturen

Referate und Diskussionsbemerkungen
anläßlich der Wissenschaftlichen Plenarsitzung 1977
in Bremen

HERMANN SCHROEDEL VERLAG KG · HANNOVER · 1978

Best.-Nr. 91473
ISBN 3-507-91473-5

Alle Rechte vorbehalten · Hermann Schroedel Verlag KG Hannover · 1978
Gesamtherstellung: Josef Grütter, Hannover-Empelde
Auslieferung durch den Verlag
ISSN 0344-0311

INHALTSVERZEICHNIS

	Seite
Zum Geleit	VII

Begrüßung und Einführung durch den Präsidenten
der Akademie für Raumforschung und Landesplanung
Ministerialdirigent a. D. Dr. Hans-Gerhart Niemeier, Düsseldorf 1

Begrüßung im Namen des Senats der Freien Hansestadt Bremen
durch Senatsdirektor Dipl.-Ing. Eberhard Kuhlenkampff, Bremen 6

Begrüßung im Namen des Bundesministers für Raumordnung,
Bauwesen und Städtebau durch
Ministerialdirigent Dr. Hans Pflaumer, Bonn-Bad Godesberg 9

Referat Professor Dr. J. Heinz Müller, Freiburg/Br.
**Sozialökonomische Grenzen des raumordnungspolitischen
Handlungsspielraumes** 11

Referat Professor Dr. Bruno Dietrichs, München
Konzeptionelle Ansätze zur Entwicklung der Raum- und Siedlungsstruktur .. 23

Diskussionsbemerkungen:

Diskussionsleitung: Ltd. Ministerialrat Dr. Heinrich Lowinski, Düsseldorf

Professor Dr.-Ing. Dieter Bökemann, Wien	39
Professor Dr. Rainer Thoss, Münster	40
Professor Dipl.-Ing. Heinz Weyl, Hannover	41
Professor Dr. Dr. Hans Harmsen, Hamburg	43
Ltd. Regierungsbaudirektorin Dr.-Ing. Raghilt Berve, Düsseldorf	44

Professor Dr. J. Heinz Müller, Freiburg/Br. 45
Gerhard Iversen, Mitglied der Deputation für Bau und Raumordnung der Bremischen Bürgerschaft, Bremen 46
Ministerialdirigent Dr. Günter Brenken, Mainz 47
Professor Dr. Karl-Hermann Hübler, Berlin 51
Professor Dr. Peter Schöller, Münster 53
Dipl.-Ing. Dr. Reinhard Breit, Wien 53
Professor Dr. Bruno Dietrichs, München 56
Stadtbaurat Dr.-Ing. Hans-Eugen Gruber, Salzgitter 58
Dr. Willy Heidtmann, Bielefeld 59
Professor Dr. Karl Oettle, München 60
Ministerialdirigent Dr. Hans Pflaumer, Bonn-Bad Godesberg . . . 61
Professor Dr. sc. Tone Klemenčič, Ljubljana/Jugoslawien 62
Dr.-Ing. Dr. habil. Martin Pfannschmidt, Bielefeld 63
Ltd. Ministerialrat Dr. Alfred Helbig, München 65
Professor Dr. Dr. Hans Harmsen, Hamburg 65
Professor Dr. J. Heinz Müller, Freiburg/Br. 66
Professor Dr. Bruno Dietrichs, München 67

Schlußwort

des Vizepräsidenten der Akademie für Raumforschung und Landesplanung
Professor Dr. Karl Oettle, München 69

Zum Geleit

Nachdem in den beiden vorangegangenen Wissenschaftlichen Plenarsitzungen die Themen „Planung unter veränderten Verhältnissen" und „Standort und Stellenwert der Raumordnung" behandelt worden sind, soll nunmehr versucht werden, aus den in diesen Sitzungen aufgezeigten Veränderungen der gegenwärtigen und der künftigen Situation und aus den der Raumordnung gesetzten Grenzen positive Folgerungen für die kommende Entwicklung, namentlich für Siedlungsstrukturen der Zukunft, zu ziehen. Es kommt darauf an, daß das bisher von der Raumordnung zugrunde gelegte Gerüst, etwa die Theorie der Zentralen Orte und der Entwicklungspole, im Hinblick auf neue Entwicklungslinien überprüft wird. Dabei muß natürlich im Auge behalten werden, für welche siedlungspolitischen Ziele das sich abzeichnende Potential tatsächlich noch ausreicht. Es muß auch gefragt werden, ob für ländliche Räume neue Entwicklungsstrategien überhaupt noch realisierbar sind.

Das Ziel der Tagung soll sein, siedlungsstrukturelle Möglichkeiten und das Instrumentarium zu ihrer Verwirklichung zu untersuchen.

Begrüßung und Einführung durch den Präsidenten der Akademie für Raumforschung und Landesplanung Ministerialdirigent a. D. Dr. Hans-Gerhart Niemeier, Düsseldorf

Die Wissenschaftliche Plenarsitzung 1977 muß man im Zusammenhang mit ihren beiden Vorgängern in Duisburg und Mainz in den Jahren 1975 und 1976 sehen. Eigentlich müßte sogar noch die Stuttgarter Tagung von 1971 mit dem Thema „Aufgaben und Möglichkeiten der Raumplanung in unserer Zeit" mit in die Betrachtung einbezogen werden. Aber sie bewegte sich doch noch mehr im Vorfeld der über die Planung dann hereinbrechenden neuen Lage. Sie war noch von einem gewissen Optimismus getragen, sah im Referat von WERNER WEBER die Planung als klare und unangekränkelte Verwaltungsaufgabe der Gegenwart, konnte sich in GOTTFRIED MÜLLERS Ausführungen noch positiv mit der künftigen Siedlungsstruktur befassen und beschäftigte sich im Vortrag von GERD ALBERS im Blick auf eine positiv zu sehende Zukunft mit den Möglichkeiten und Notwendigkeiten der Ausbildung von Raumplanern.

Zwar sahen kritische Landesplaner schon damals, daß die Bedingungen für eine öffentliche Planung im Begriff standen, sich radikal zu ändern, vor allem, daß es sich dabei nicht um kurzfristige, rasch wieder normalisierte Verhältnisse handeln konnte. Vor allem erkannte man, daß die Zahlen der Bevölkerungsentwicklung einen kontinuierlich negativen Trend aufwiesen und weiterhin aufweisen würden. Doch warnende Hinweise der ersten Jahre dieser Entwicklung verhallten ziemlich ungehört. Es ist ja auch sehr schwierig, besonders für Politiker mit ihren kurzfristigen Tagesaufgaben fast unmöglich, sich plötzlich mit der Tatsache konfrontiert zu sehen, daß alles anders zu werden scheint, daß solche Zahlenrückgänge sich in absehbarer Zeit auf die Richtigkeit und Notwendigkeit der so sehr geliebten und gepflegten öffentlichen Förderungsmaßnahmen auswirken müßten, nach relativ kurzer Zeit bereits auf die Zahl der Kindergartenplätze, wenig später auf den Schulbau und dann immer weiter sich ausdehnend bis hin zum Universitäts- und sonstigen Hochschulbau. Man sah das weithin nicht, man wollte es auch nicht wahrhaben. Man konnte es auch nicht als Zukunftsfrage sehen, da all die angedeuteten Zukunftseinschränkungen noch in hartem Gegensatz zu den Gegenwartsnöten standen. Noch immer fehlten Kindergärten, noch war für die heranwachsenden Kinder der Schulauf- und -ausbau nicht vollendet. Noch fehlten Studienplätze in fast unvorstellbaren Größenordnungen. Der jungen Gegenwartsgeneration wäre wenig damit gedient gewesen, wenn man ihr gesagt hätte, in 10 bis 15 Jahren sei das alles besser. Man mußte und muß auch heute noch tun, was auf der Hand liegt. Insofern muß der Planer Verständnis für manches scheinbare Unverständnis haben.

Doch der Planer muß die langfristige Zukunft mehr und besser sehen als der in den Schwierigkeiten der Stunde stehende Politiker und auch der Verwaltungsmann. Natürlich sind alle Prognosen schwierig, natürlich sind dies auch Bevölkerungsprognosen, obwohl man hin und wieder meint, sie seien noch von allen Prognosen am einfachsten.

Aber was nützen dem Planer Globalzahlen! Er braucht Einzelheiten, am liebsten für möglichst kleine Einheiten. Zahlenangaben für Regionen sind schon zweifelhaft, noch unsicherer für Gemeinden und selbst für Landkreise. Wenn dem so ist, dann ist das aber diskutierbar. Das aber beeinträchtigt ihren Wert und namentlich ihre Einsichtigkeit und Durchschlagskraft für die, die es angeht. Man bewegt sich also hier auf einem in manchen Beziehungen unsicheren Boden.

Für die Planer der letzten 4 bis 5 Jahre wurde die Lage viel komplizierter dadurch, daß Hand in Hand mit der Bevölkerungsentwicklung wirtschaftliche Rückschläge in Erscheinung traten. Das braucht nicht so zu sein und ist wohl zunächst einmal erstaunlich. Bei naiver Betrachtung könnte doch eigentlich sogar das Gegenteil der Fall sein: Rückgang der Bevölkerung sollte eigentlich Verknappung und nicht Überfluß an Arbeitskräften bedeuten. Natürlich ist das sehr, sehr oberflächlich gesehen. Es soll nur deutlich gemacht werden, daß zwei Zukunftskomponenten auf den Planer zukamen, die nicht zwangsläufig miteinander verkoppelt sein mußten, wenn sie sich auch im einzelnen vielfach verschränken.

Beiden mußte sich nicht nur die praktische Landesplanung, sondern auch die wissenschaftliche Raumforschung stellen. Und sie hat das dann 1975 in Duisburg massiv und deutlich getan. Das Generalthema war „Planung unter veränderten Verhältnissen". Es ist zuzugeben, daß die Formulierung recht neutral war. Es hätte auch lauten können "Planung unter verschlechterten Bedingungen"; denn davon war die Rede. Das trat sehr deutlich in den Referaten zu den demographischen, den ökonomischen und den planerischen Aspekten der Herren SCHWARZ, THOSS und RIEMANN und in den Diskussionen der sechs Arbeitsgruppen in Erscheinung. Man mußte sich danach natürlich fragen, was die Raumplanung denn überhaupt nun noch tun könne, ob sie überhaupt in der Lage sei, helfend oder zum mindesten vorschlagend einzugreifen.

Deshalb war es eine logische Forderung und Folgerung, daß die Tagung 1976 in Mainz die Grenzen, Möglichkeiten und Unmöglichkeiten der Raumordnung untersuchte, wieder unter einem etwas neutralen oder beruhigenden Gesamtthema, nämlich „Standort und Stellenwert der Raumordnung" und nicht unter dem Titel „Macht und Ohnmacht der Raumordnung". In Mainz haben wir die wirtschaftspolitischen, die politischen und die rechtlichen Bedingungen, mit und in denen die Raumplanung tätig sein kann, untersucht und in einer Gesamtdiskussion, nicht also in Arbeitsgruppen, vertieft.

Damit ist nun eine Basis, es wäre übertrieben zu sagen *die* Basis erarbeitet. Veränderte Verhältnisse und die engen Möglichkeiten der Raumordnung sind klar, zum wenigsten klarer geworden. Ein Ausweichen in Rahmen-Erörterungen war nicht mehr möglich. Vielmehr muß nun versucht werden, aus dem, was wir nun wissen, Schlüsse für die zukünftige Gestaltung zu ziehen. Entwicklungen der Bevölkerung, Maßnahmen der Wirtschaft finden im Raum ihren Niederschlag. Und deshalb wurde die Siedlungsstruktur unser diesjähriges Thema.

Es wäre der Akademie natürlich sehr lieb, wenn sie hier und heute fertige und ausführungsreife neue Konzepte anbieten könnte, zumal unsere anscheinend so fest fundierten Systeme der zentralen Orte und der Entwicklungsachsen ins Feuer der Kritik geraten sind, nachdem sie gerade in alle landesplanerischen Programme und Pläne der Bundesrepublik Eingang gefunden hatten. Leider konnten wir das noch nicht, aber wir hoffen, daß uns unsere Vortragenden Ansätze dazu aufzeigen werden.

Es ist natürlich nicht beglückend, daß trotz der Unfertigkeit unserer Erwägungen und Vorschläge die Entwicklung weitergeht. Diese Entwicklung aber scheint mir viel umfassender, vielleicht sogar umstürzender zu sein, als wir es wahrhaben wollen. Wir sehen die nunmehr offen zutage getretene Bevölkerungs- und Wirtschaftsentwicklung. Aber wir sollten darüber hinaus auch sehen lernen, daß sich in unserem Staats- und Verwaltungssystem und gegen dieses Strömungen entwickeln, oder etwas vertrauensvoller ausgedrückt, entwickeln können, die uns doch zu schaffen machen sollten.

Fast hat man den Eindruck, daß unser Wille zur Reform mit der kommunalen Gebietsreform, die ich einfach einmal unkritisch nenne, erschöpft sei. Die staatliche Mittelinstanz lassen wir in ihrer Struktur, wenn auch nicht in ihren Räumen, unangetastet. Aber bei den Ländern lassen wir sowohl die Struktur der Zentralinstanz als auch ihre Räume unangetastet. Die Kraft scheint erlahmt zu sein. Denn wenn man die Schwierigkeiten zu groß sieht, heißt das ja doch, daß die Kräfte zu ihrer Überwindung zu klein sind.

Man hat sich von Anfang 1973 bis Ende 1976, also durch fast vier Jahre, in einer Enquete-Kommission um eine grundlegende Verfassungsreform bemüht. Die Vorschläge dieser Kommission haben im Lauf der Bearbeitungszeit mancherlei Abstriche erfahren, aber selbst der Schlußbericht (Bundestagsdrucksache 7/5924 v. 9. Dezember 1976) mit seinen eingeschränkten Vorschlägen scheint nicht allzuviel Gegenliebe zu finden. Jedenfalls sind noch keine Schritte zu ihrer Verwirklichung getan. Zwar haben wir das Grundgesetz seit seiner Verkündung im Jahre 1949 über 30mal geändert, aber keine durchgreifende Reform verursacht. Im wesentlichen wurden die Kompetenzabgrenzungen zwischen Bund und Ländern zuungunsten der Länder verschoben. Wir taten damit den zweiten Schritt vor dem ersten, was immer ungut ist. Wir legten Machtzuständigkeiten fest, ohne die Räume zu überprüfen, in denen sich diese Macht auswirken soll.

Allerdings ist an diesen Machtverschiebungen das eine als richtig anzusehen, daß sie aus der Erkenntnis kommen, daß Stärke und Macht dem Recht benachbart sind. Stärke oder Macht einerseits und Recht andererseits wohnen viel dichter beieinander als wir meinen. Macht drängt zur Rechtswerdung, und Recht ohne Macht ist wirkungslos. Das wissen gerade die Landesplaner sehr genau. Aber es ist zum mindesten eine einseitige Denkrichtung zu meinen, daß Stärke nur durch Konzentration zu erreichen ist. Konzentration in der obersten Spitze führt zwangsläufig zur Bürokratisierung, zum Beamtenstaat. Ein solcher Staat ist aber auf Sicherung und Bewahrung bedacht. Unsere Gegenwart und nächste Zukunft erfordern jedoch einen Staat des Werdens, des Entwickelns, aber damit auch des Wagens.

Ein solcher Staat der Machtkonzentration in der Spitze widerspricht aber dem von uns im Grundgesetz festgelegten Demokratisierungsprinzip und Demokratieverständnis. Inzwischen sind in Bund und Ländern allerdings die Parlamente in irgendeiner Form an der Landesplanung beteiligt worden. Das Drängen der Parlamentarier in dieser Richtung hatte seinen schlichten Grund einfach darin, daß man die Raumgestaltung nicht dem Beamtenstaat allein überlassen wollte. Gewiß hat die Beteiligung der Parlamente an der inhaltlichen Gestaltung von Programmen und Plänen und nicht nur an der Organisation den Stellenwert der Raumordnung erhöht, ihr aber doch nicht zu einem durchschlagenden Erfolg verholfen.

Und damit ist ein tiefgründiges politisches und rechtspolitisches Problem angesprochen: das Ansehen unserer Parlamente. Die Konzentration der Stärke auf oberster Ebene hat hier eher geschadet als genutzt. Denn mit der Hochzonung erhöht sich die Abstraktionsnotwendigkeit und damit der Abstraktionsgrad. Das aber wirkt sich gerade in der räumlichen Gestaltung aus. Die neun Grundsätze der Raumordnung des Bundesraumordnungsgesetzes von 1965 beweisen das zur Genüge.

Teilung der Macht ist eine entscheidende Notwendigkeit, aber es gibt andere Möglichkeiten als die der Konzentration und sich anschließenden Aufteilung auf Legislative und Exekutive. Es gibt die Möglichkeit der Verteilung auf mehrere Ebenen. Für die Raumplanung bleibt die Regionalebene nach wie vor wichtig, nicht nur aus planerischen Gründen, sondern eben wegen der besseren Demokratisierungsmöglichkeiten. Wir tun aber weithin das Gegenteil und haben die Regionalplanung immer weiter an den Staat und seine Behörden herangerückt. Und wenn Niedersachsen, wo die Regionalplanung zuletzt bei den Bezirksregierungen lag, nun neuerdings die Landkreise und kreisfreien Städte zu Trägern der Regionalplanung gemacht hat (Achtes Gesetz zur Verwaltungs- und Gebietsreform vom 28. Juni 1977 — GuVBl. S. 233 —), so ist es natürlich die Frage, ob Flächennutzungsplanung der kreisfreien Städte und Kreisplanung der Landkreise noch das ist, was man landesplanerisch unter Regionalplanung versteht. Es kommt nicht auf das Wort an, sondern auf den Inhalt. Und die Summe der Stadt- und Landkreise in Niedersachsen dürfte doch wohl zu groß sein, als daß man hier noch von Regionen sprechen kann. Wesentlich ist aber folgendes: Es muß uns gelingen, um der Demokratie willen das Interesse der Bürger an größeren Räumen als den Stadt- und Landkreisen zu wecken und wach zu halten. Den Bürger bewegt je länger desto mehr seine Umwelt. Umweltfragen sind aber meistens nur für größere Räume zu lösen. Man denke nur an Straßenbau oder Mülldeponien. Eine Regionalorganisation hätte hier einige Möglichkeiten eröffnen können.

Im Hinblick auf unsere Staatsorganisation sind Bürgerinitiativen viel kritischer zu sehen als es geschieht. Man kann mit guten Gründen behaupten, daß diese Initiativen eine Kritik an allen Parlamenten von den kommunalen Vertretungen bis zum Bundestag darstellen. Eine weitgehende nichtstaatliche Regionalplanung könnte manches davon auf- und abfangen. Abgesehen von allen grundgesetzlich und gesetzlich gegebenen Schwierigkeiten für die Landesplanung sind wir etwas auf dem Wege, sie mit unserer eigenen Organisation noch unpopulärer zu machen.

Bei den Bürgerinitiativen, die man in mancher Hinsicht positiv bewerten kann, sollten wir uns allerdings nicht verhehlen, daß die Unzufriedenheit und die Kritik an unserem Staat viel weiter geht als sie. Die Unterwanderung von Bürgerinitiativen durch radikalere Elemente zeigt das an. Und fast täglich erfahren wir, daß die Sympathie mit Terrorgruppen in unserer Bevölkerung doch noch größer ist und größer wird, als man bisher gesagt hat.

Eines der Mittel zur Durchführung der Landesplanung ist die Beeinflussung der raumrelevanten Mittelverplanung. Es ist zu befürchten, daß zwei Entscheidungen des Bundesverfassungsgerichts aus den Jahren 1975 und 1976 für dieses Mittel der Raumordnung einige Schwierigkeiten mit sich bringen können. Nach Art. 104a Abs. 4 GG kann der Bund den Ländern und über sie auch den Gemeinden Finanzhilfen für besonders bedeutsame Investitionen gewähren, die zur Abwehr einer Störung des gesamtwirtschaftlichen Gleichgewichts oder zum Ausgleich unterschiedlicher Wirtschaftskraft im Bundesgebiet oder zur Förderung des wirtschaftlichen Wachstums erforderlich sind. Das Bundesverfassungsgericht hat in seiner Entscheidung vom 4. März 1975 (BVerf G E 39, 46) eindeutig erklärt, daß diese Finanzhilfen kein Instrument direkter oder indirekter Investitionssteuerung zur Durchsetzung allgemeiner wirtschafts-, währungs-, raumordnungs- oder strukturpolitischer Ziele in den Ländern sein dürften. Eigentlich ist aber die gesamte Wirtschaftsförderung raumordnungspolitisch und auch strukturpolitisch von Einfluß. Und gerade der Ausgleich unterschiedlicher Wirtschaftskraft dürfte dem Hauptziel der Landesplanung, der Schaffung gleichwertiger Lebensbedingungen, durchaus adäquat sein.

Die zweite Entscheidung des Bundesverfassungsgerichts vom 10. Februar 1976 (BVerf G E 41, 291) scheint mir nicht ganz so weittragend für uns zu sein. Sie hat eine einseitige Maßnahme des Bundes aufgehoben, da nach dem genannten Art. 104 a Abs. 4 GG solche Finanzhilfen nur durch Bundesgesetz, das der Zustimmung des Bundesrates bedarf, oder durch Verwaltungsvereinbarung gewährt werden dürfen. Diese Entscheidung ist aber für die regionale Wirtschaftsförderung von Bedeutung, da sie rasche konjunkturpolitische Maßnahmen des Bundes unmöglich macht.

Es sollen hier nicht diese beiden Entscheidungen unseres höchsten Gerichts kritisiert werden. Aber ihre Auswirkungen auf die bundesdeutsche Raumordnungspolitik sollte man zu erkennen versuchen. Und davon ist wohl auszugehen, daß sie Auswirkungen haben werden.

Man könnte feststellen, daß bewußt oder unbewußt, unmittelbar oder mittelbar der Freiraum der Landesplanung immer weiteren Einschränkungen unterliegt, sowohl durch die eigene Gesetzgebung als auch durch die detaillierten Gesetze für die Fachplanungen und nunmehr auch durch die 3. Gewalt, durch die Gerichtsbarkeit.

Dazu kommt aber nun auch noch, nicht zuletzt hervorgerufen durch die Entdemokratisierung allen Planens, eine steigende Abneigung des Bundesbürgers gegen Planung überhaupt. Werbung sucht immer Anknüpfungspunkte, fragt nach dem, was ankommt. Es scheint des Nachdenkens wert, daß die Werbung sich bemüht, bei ihren Adressaten, der Bevölkerung, den Rest von Freiheitsraum, der den Mitgliedern unserer Gesellschaft in all den vielen Abhängigkeiten noch verblieben ist, anzusprechen. Es mehren sich in der Werbung solche Wörter wie: exclusiv, individuell, für Sie, persönliches Arrangement. Ich halte das für einen Fingerzeig in Richtung persönlicher Freiheit, auf noch mögliche freie Entfaltung der Persönlichkeit, die eben doch die Neigung hat, sich Plänen zu entziehen.

Der Mensch ist nicht logisch. Denn auf der einen Seite wälzt er möglichst alles auf den Staat der Daseinsvorsorge ab, der notwendig ein Planungsstaat sein muß. Das aber ist nun wiederum nicht sehr erwünscht. Vielleicht ist der Mensch noch nicht einmal in solch starkem Maße ein zoon politikon, wie wir das seit Aristoteles als unumstößliche Wahrheit annehmen, denn dann müßte er sich in unsere moderne Gesellschaft und ihre Planungsnotwendigkeiten besser einordnen.

Aber trotz allem, trotz allen Unverständnisses bei Vielen, trotz aller Schwierigkeiten bleibt uns die ethische Verpflichtung, uns zu sorgen um das Geschehen auf unserem Raum. Dabei sind eben die verschlechterten Bedingungen, die uns die Duisburger Tagung erläutert hat, die wirtschaftlichen, politischen und rechtlichen Gegebenheiten, die wir in Mainz erörterten, aber auch unser heutiges Demokratieverständnis und auch -unverständnis zu sehen. Und in dieser Situation erwartet man von uns Vor- und Ratschläge für die von uns allen in der Bundesrepublik zu schaffende Siedlungsstruktur.

Begrüßung im Namen des Senats der Freien Hansestadt Bremen durch Senatsdirektor Dipl.-Ing. Eberhard Kuhlenkampff, Bremen

Herr Präsident, meine Damen und Herren!

Ich freue mich aufrichtig, bei dieser Tagung ein Wort zu Ihrer Begrüßung sprechen zu dürfen. Die Akademie ist mit ihrer Tagung zum erstenmal in Bremen, und darüber freuen wir uns. Bremen als das kleinste Bundesland hat zur Raumordnung und Landesplanung natürlich ein ganz besonderes Verhältnis, weil die Raumordnung und Landesplanung, jedenfalls nach dem bisherigen Verständnis, in Bremen nicht stattfand, weil es weder Raum noch Land hat. Ich werde das nachher noch kurz erläutern, warum viele eingesehen haben, daß dies ein Irrtum war. Wir sind hier aufgrund unserer Lage seit langem gewohnt, über die Grenzen unseres kleinen Stadtstaates hinauszusehen. Ich meine auch, daß in Bremen deutlich wird — ungeachtet Ihrer Worte, Herr NIEMEIER —, daß Raumordnung und Landesplanung erhebliche Leistungen erbringen können, auch ohne Macht; denn Bremen hat, glaube ich, durch Überzeugung, vielleicht auch manchmal durch Geschicklichkeit, viel für die Stellung Bremens im Bundesgebiet und insbesondere auch hier im norddeutschen Raum tun können. Bremen hatte dazu zwar keine Macht, aber es hat die Partner hier in Norddeutschland überzeugt, nicht überredet. Aber bevor ich noch etwas über die Bremer Planung sagen will, möchte ich noch meinen Auftrag erledigen, Sie im Names des Senats, im Namen meines Senators, Herrn SEIFRIZ, hier in Bremen alle sehr herzlich willkommen zu heißen. Herr Seifriz war der festen Absicht, hierherzukommen, mußte aber aus persönlichen Gründen davon Abstand nehmen und hat mich gebeten, Ihnen seine Grüße zu überbringen.

Sie wollen sich hier mit den Entwicklungsmöglichkeiten künftiger Siedlungsstrukturen beschäftigen. Das ist eine Aufgabe, die auch in Bremen natürlich sehr aktuell ist. Wir haben uns hier damit auseinanderzusetzen, daß wir mit einer Abnahme unseres katastermäßig umgrenzten Staatsvolkes, also nicht der regionalen Bevölkerung, um überschlägig 5 bis 10 % in den nächsten 10 Jahren rechnen müssen. Daraus ergibt sich eine Aufgabenstellung, die, wie Sie alle wissen, für ein politisches Gemeinwesen außerordentlich schwierig ist. Es wird damit der Auftrag Realität, von dem ich Anfang der 60er Jahre schon den englischen Sozialwissenschaftler ANTHONY RICK habe sagen hören, wir müßten „planning for decline" machen. Und ich glaube, wir hätten uns das schon früher ernsthafter hinter die Ohren schreiben sollen.

In Bremen hat jetzt diese Arbeit eingesetzt, beginnend mit einer Analyse unserer möglichen Gesamtentwicklung, die wir vor etwa 1½ Jahren abschließen konnten, nachdem eine Reihe von Mit- und Vorarbeit wissenschaftlicher Einrichtungen dazu vorgelegen hatte. Und wir haben erkennen müssen, daß wir unsere Politik, unsere Investitionspolitik, die Politik unserer räumlichen Ordnungsvorstellung doch radikal überprüfen müssen. Der Senat hat, gerade am Montag, eine praktisch einjährige Arbeits- und Beratungsrunde durch mehrere ganztägige Sitzungen abgeschlossen, in denen der Versuch gemacht worden ist, über alle personalen, konsumptiven und investorischen Ausgaben in den nächsten Jahren eine neue Orientierung zu legen und zu versuchen, das Ruder zu beeinflussen. In kleinen Staaten kann man keine Ruder herumwerfen, sondern nur versuchen, kleine Korrekturen anzubringen gegenüber den bisherigen Überlegungen und Zielen. Ich glaube, es ist dabei gelungen, die Planung schon voll in den Griff zu bekommen. Aber es ist doch schwieriger in einem solch kollegialen Gremium mit den gesamten Verwaltungen, die dahinter stehen, die Überzeugung durchzusetzen, daß wir uns auf diese veränderten Aufgabenstellungen einrichten müssen und Antworten finden müssen für diese veränderten Verhältnisse.

Das reicht in Bremen weit in die landesplanerische Arbeit hinein, die bereits 1930 erste institutionelle Ansätze zeigte, als in einem Staatsvertrag zwischen Bremen und Preußen eine gemeinsame Landesplanung im Unterweserraum verabredet wurde. Das sollte so geschehen — wie es damals formuliert wurde —, als ob es keine Landesgrenzen gäbe. Wirksam wurde das nicht so recht, denn es begann dann eine anders orientierte Planung das Feld zu beherrschen, so daß in diese Arbeit erst nach dem Kriege wieder eingetreten werden konnte.

Sie war noch unter amerikanischer Besatzungsmacht dadurch gekennzeichnet, daß man zunächst Bremen—Bremerhaven mit dem umgebenden Land, also den Landkreisen Wesermarsch, Wesermünde und Osterholz, zusammenschließen wollte. Aber in Hinblick auf die Besonderheit der Aufgabe, Hafenstadt zu sein und auch, weil man wohl glaubte, Bremen sei zu unerfahren, sich mit landwirtschaftlichen Problemgebieten auseinanderzusetzen, hat man die heute bekannte Lösung der beiden isolierten Städte, die zusammen diesen Zweistädtestaat bilden, geschaffen.

Als wir dann hier in Bremen 1960 an den Ausbau der schon in den 20er Jahren geplanten Häfen auf der anderen Seite der Weser gehen wollten, hat es Gespräche mit Niedersachsen gegeben, die die damit notwendig werdende gemeinsame landesgrenzenüberschreitende Planung einleiteten. Die Niedersachsen sind einen Schritt weitergegangen und haben vorgeschlagen, eine gemeinsame Landesplanung für den Unterweserraum aufzubauen. Man hat keinen Staatsvertrag geschlossen, sondern eine Verabredung getroffen, die unwesentlich über einen entschiedenen Händedruck hinausging. Aber diese Verabredung hat sich doch als so tragfähig erwiesen, daß wir seitdem in einer ununterbrochenen und guten Zusammenarbeit mit Niedersachsen stehen, die natürlich nicht ausschließen kann, daß man — wie zum Beispiel über die Ergebnisse der neuen Gebietsreform — dann miteinander einmal sehr unzufrieden ist. Aber das ändert nichts daran, daß doch unendlich viel Kleinarbeit gemeinsam und gut geleistet werden konnte. Dabei haben wir in der letzten Zeit auch den Schritt vollzogen, die Parlamentarier in diese Arbeit einzuschließen. Inzwischen sitzen im gemeinsamen Planungsrat Vertreter der Parlamente beider Seiten, und wir arbeiten dort zusammen an den Problemen und — wie ich hoffe — auch in Zukunft in konstruktiver Weise.

Für Bremen selbst hatte ja das Bundesraumordnungsgesetz, wie für die beiden anderen Stadtstaaten, festgelegt, daß der Flächennutzungsplan Raumordnungsprogramm sein soll. Das war eine etwas seltsame Erfindung, und wir müssen jetzt daran gehen — und sind auch dabei —, doch auch für Bremen eine eigene Landesplanung aufzubauen. Mangels bundesgesetzlicher Anerkennung nennen wir das zunächst einmal die „Grundsätze zur räumlichen Entwicklung des Landes Bremen". Wir erstellen aber damit das gleiche, was alle anderen Bundesländer und Flächenstaaten haben, nämlich die Inhalte eines Landesraumordnungsprogramms. Und auch wenn darin natürlich nicht so ganz furchtbar viel Raum zu ordnen ist, so sind doch die Funktionen erfüllbar, so daß wir es für notwendig halten, auf der Ebene und in der Diktion landesplanerischer Aussagen für Bremen eine programmatische Zusammenstellung unserer Arbeitsziele zu machen. Die Arbeiten, über die hier heute referiert werden wird, die Ergebnisse, die Sie in Ihrer Tagung werden erarbeiten können, von denen ich hoffe, daß sie den ausländischen und inländischen Gästen Gewinn bringen mögen, erwarten wir auch aus Bremer Sicht mit Interesse. Und ich bin sehr erpicht darauf, soweit ich selbst hier noch kurz bei Ihnen bleiben kann, durch die Herren, die hier in Bremen Landesplanung machen und in Ihrem Kreise mitdiskutieren werden, zu erfahren, welche Ergebnisse diese Tagung hatte. Ich darf Ihnen allen jedenfalls einige interessante und anregende Stunden und einen guten Aufenthalt hier in Bremen wünschen.

Begrüßung im Namen des Bundesministers für Raumordnung, Bauwesen und Städtebau
durch Ministerialdirigent Dr. Hans Pflaumer, Bonn-Bad Godesberg

Herr Präsident, meine sehr verehrten Damen und Herren!

Es ist mir eine Freude, den Teilnehmern der Wissenschaftlichen Plenarsitzung der Akademie für Raumforschung und Landesplanung auch dieses Jahr die Grüße des Bundesministers für Raumordnung, Bauwesen und Städtebau, Herrn RAVENS, überbringen zu können.

Mit dem Tagungsthema „Entwicklungsmöglichkeiten künftiger Siedlungsstrukturen" zeigt die Akademie erneut, daß sie bereit und in der Lage ist, die aktuellen Fragen der Raumordnung aufzugreifen und somit zu einer Vermittlung von Theorie und Praxis beizutragen.

Galt die letztjährige Tagung der generellen Einschätzung der Raumordnung angesichts veränderter Rahmenbedingungen, so dient die heutige Sitzung dazu, erste Folgen aus der vielberufenen „Trendwende" für die Raum- und Siedlungsstruktur aufzuzeigen. Dies ist deshalb besonders zu begrüßen, weil die im Zusammenhang mit den geänderten Bedingungen stehende Diskussion teilweise allzu pauschal unter dem Aspekt des „Alles oder nichts" geführt worden ist. Es wird daher verstärkt darauf ankommen, die jetzigen Bedingungen und die künftigen Entwicklungen sowie die aus ihnen ableitbaren Konsequenzen und Handlungsmöglichkeiten differenziert — d. h. möglichst undogmatisch — zu analysieren und abzuschätzen.

Die Raumordnung tut sicherlich gut daran, die veränderten Rahmenbedingungen und den eingeengten Finanzkorridor der öffentlichen Hand möglichst frühzeitig zur Kenntnis zu nehmen und ihren Handlungen zugrunde zu legen. Hierdurch eröffnet sich die Chance, *aktiv* auf den mit hohem Veränderungsdruck ablaufenden gesellschaftlichen und wirtschaftlichen Wandel einwirken zu können. Wenn auch einige bisher als gültig angesehene Vorstellungen modifiziert werden müssen, so ist dies nicht mit einer Änderung der raumordnungspolitischen Zielsetzung gleichzusetzen. Dies hat die Bundesregierung in ihrer Antwort auf die Kleine Anfrage zur Überprüfung der Raumordnungspolitik vom 12. 4. 1977 unmißverständlich zum Ausdruck gebracht, als sie erklärte: „Das Ziel der Raumordnungspolitik, gleichwertige Lebensbedingungen in allen Teilräumen der Bundesrepublik zu sichern, hat für die Bundesregierung nach wir vor Gültigkeit." Nur eine realistische, d. h. umsetzbare Konzeption wird es der Raumordnungspolitik erlauben, der Erfüllung ihres Gesetzesauftrages näherzukommen.

Der Thematik der von Ihnen vorgesehenen Referate entnehme ich im übrigen, daß dieser Zug zur Realistik, der Wille, die bisherigen Konzeptionen am empirischen Maßstab der Wirklichkeit zu überprüfen, eine breite und auch akademische Basis hat. Was dies etwa für das System der zentralen Orte als einem tragenden Pfeiler der raum- und siedlungsstrukturellen Vorstellungen letztlich bedeuten mag, ist offen, lohnt aber — nicht zuletzt wegen des verringerten Entwicklungspotentials — sicher die Diskussion in diesem Kreise. Aufgabe der Landesplanung wird es sein müssen, das punkt-axiale System im Sinne einer stärkeren dezentralisierten Konzentration zu überprüfen, um den effektiven Einsatz der Mittel sicherzustellen und dadurch zu einer Konsolidierung der Siedlungsstruktur beizutragen.

Wenn auch auf die hier zu diskutierenden Fragen Antworten kurzfristig nicht zu erwarten sind, so bin ich doch sicher, daß — wie in den vergangenen Jahren auch — durch die heutige Plenarsitzung der Akademie neue und wichtige Impulse gesetzt werden. Ich bin daher dankbar, daß ich als Vertreter des Bundes an diesen Beratungen teilnehmen kann und darf Ihnen und uns allen einen anregenden und diskussionsfreudigen Verlauf der Sitzung wünschen.

Referat Professor Dr. J. Heinz Müller, Freiburg/Br.

Sozioökonomische Grenzen des raumordnungspolitischen Handlungsspielraumes

Wir erleben in der Bundesrepublik Deutschland seit ca. 1973 eine Entwicklung, die in wichtigen Bereichen gegenüber der vorherigen Zeit eine fast vollständige Umkehr darstellt. Lassen Sie mich von der großen und nicht genau abgrenzbaren Zahl der relevanten Bereiche an dieser Stelle nur zwei herausgreifen, weil sie für die Raumordnungspolitik von zentraler Bedeutung sind: die Bevölkerungsentwicklung und die Veränderung des jährlichen Bruttosozialproduktes zu konstanten Preisen. Die Bevölkerungsentwicklung ist in wichtigen Teilkomponenten schon einige Jahre vorher rückläufig geworden. Trotzdem kann man die jüngste Zeit besonders herausstellen, weil sie zum ersten Mal einen Stop in der Zulassung weiterer Ausländer aus Nicht-EG-Ländern zur Arbeit in Deutschland gebracht hat.

Daß beide Bereiche, die Bevölkerungsgröße und die Höhe des Bruttosozialproduktes, stark miteinander verflochten sind, sei schon vor ihrer näheren Analyse herausgestellt: So bildet z. B. die Bevölkerungszunahme einen wesentlichen Grund für eine Steigerung des realen Bruttosozialproduktes, nicht aber auch für eine entsprechende Entwicklung des realen Sozialproduktes je Kopf. Das gilt besonders, wenn mit der Bevölkerungszunahme eine Steigerung der Zahl der Beschäftigten verbunden ist, was allerdings keine notwendige Begleiterscheinung der Bevölkerungsexpansion ist, obwohl sie meist mit ihr zusammenfällt.

Andererseits kann es bei einer abnehmenden Bevölkerung durchaus zu einem Wachstum des realen Sozialproduktes je Kopf kommen, selbst wenn das reale Sozialprodukt nicht mehr steigt. Leider erfolgt in den meisten vorliegenden Wachstumsmodellen keine besondere Herausstellung der Bevölkerungskomponente. Sie wird im Domar-Modell gar nicht, im Harrod-Modell nur am Rande berücksichtigt. Soweit die Bevölkerungsentwicklung als erklärende Variable des Wirtschaftswachstums aufgenommen wird — wie beispielsweise in den neoklassischen Modellen —, wird sie exogen vorgegeben, wobei im allgemeinen exponentielles Wachstum der Bevölkerung mit einer bestimmten Rate postuliert wird.

Sobald, wie in vielen entwickelten Ländern und auch bei uns seit 1966, die Gefahr einer langfristig rückläufigen Bevölkerung auftaucht, erscheint es unvermeidlich, die Wachstumskomponente genauer als bisher üblich zu fassen, und zwar als reales Bruttosozialprodukt pro Kopf der Bevölkerung. Für manche Ansätze dürfte eine Präzisierung auf die Entwicklung des Bruttosozialproduktes pro Beschäftigten noch wesentlich zweckmäßiger sein; doch soll auf die sich in dieser Hinsicht ergebenden Besonderheiten, obwohl dem nachzugehen wahrscheinlich auch für einen größeren Teil der Zuhörer reizvoll wäre, im vorliegenden Referat nicht näher eingegangen werden.

Stellt man auf die Entwicklung des realen Bruttosozialproduktes je Kopf ab, so gehen bei rückläufiger Bevölkerung nicht mehr, wie bei einer Analyse des absoluten realen Bruttosozialproduktes, viele als Folge technischer Verbesserungen eintretenden Wachstumserscheinungen als solche unter: Technische Verbesserungen drücken sich vielmehr auch bei rückläufiger Bevölkerung in der Entwicklung des realen Bruttosozialproduktes je Kopf aus.

Die veränderten demographischen Aspekte sind auf der letzten Tagung der Akademie für Raumforschung und Landesplanung von KARL SCHWARZ ausgezeichnet analysiert worden[1]). Inzwischen haben sich die Verhältnisse annähernd in der damals schon erkennbaren Richtung weiterentwickelt, aber in ihrem Ausmaß noch verschärft. Dankenswerterweise hat die Bundesregierung vor kurzem auf eine kleine Anfrage der Opposition zu diesem Fragenkomplex Stellung genommen[2]). Der in der praktischen Arbeit stehende Planer wird allerdings in der Antwort der Bundesregierung mit Staunen vier Modellannahmen über die Entwicklung der Nettoreproduktionsraten der Bevölkerung von 0,65, 0,5, 1,0 und 1,15 vorfinden, wie sie von den Fragestellern erbeten wurden. Dort heißt es dann weiter wie folgt: „Bevölkerungsprognosen gelten immer nur unter den angenommenen Prämissen; dies muß bei der Interpretation der Ergebnisse berücksichtigt werden. Selbst Prognosen, die mit vorzüglichem Datenmaterial und anerkannten wissenschaftlichen Verfahren heute erstellt werden, kommen in relativ kurzer Zeit auf Grund der sich verändernden Rahmenbedingungen zu teilweise starken Abweichungen von der Realität. Dabei erweisen sich die Versuche, die künftige Entwicklung der Geburtenzahlen abzuschätzen, als das eigentliche Unsicherheitselement von Bevölkerungsprognosen..."[3]).

Dieser Standpunkt ist wissenschaftlich vorherrschend; für die praktische Arbeit des Raumordners und Regionalpolitikers geben aber solche Arten von Prognosen wenig her. Übertragen wir einmal — um die darin liegende Problematik zu verdeutlichen — gedanklich den gleichen methodischen Anspruch auf das Gebiet der Wettervorhersage. Dann könnte etwa eine Wetterprognose dahingehend lauten, daß morgen Regenwetter herrschen wird, falls das jetzt bei Island liegende Tief bis morgen früh unser Gebiet erreicht hat. Was könnte man mit einer solchen Prognose anfangen? Wir wollen uns doch für den nächsten Tag in unseren witterungsabhängigen Dispositionen auf die wahrscheinlichste Entwicklung einstellen. Dazu genügt eine unanfechtbare, zwingend aus Prämissen, über deren Wahrscheinlichkeit des Eintretens nichts ausgesagt wird, abgeleitete Prognose nicht. Eine nicht völlig sichere Vorausschätzung der wahrscheinlichen und damit keineswegs sicheren künftigen Entwicklung wäre wesentlich besser. Das ist meine Einstellung zu Prognoseproblemen innerhalb der Planung, und deshalb werde ich aus der Antwort der Bundesregierung nur die beiden als wahrscheinlich bzw. noch möglich bezeichneten Varianten verwenden, nämlich diejenigen mit einer Nettoreproduktionsrate von 0,65 bzw. 0,5.

Eine Nettoreproduktionsrate von 0,65 bedeutet, daß auf 100 verheiratete Frauen 140 lebendgeborene Kinder kommen, eine solche von 0,5, daß darauf 110 lebendgebo-

---

[1]) K. SCHWARZ: Planung unter veränderten Verhältnissen — Demographische Aspekte —. In: Planung unter veränderten Verhältnissen, Forschungs- und Sitzungsberichte der Akademie für Raumforschung und Landesplanung, Bd. 108 (14. Wiss. Plenarsitzung), Hannover 1976, S. 1 ff.

[2]) Bundestagsdrucksache 8/680.

[3]) Bundestagsdrucksache 8/680, S. 3.

rene Kinder entfallen⁴). Eine Nettoreproduktionsrate von 0,65 liegt der fünften koordinierten Bevölkerungsvorausschätzung des Statistischen Bundesamtes bis zum Jahre 2070 zugrunde, und es wird damit gerechnet, daß wir etwa in diesem Jahr in der Abwärtsentwicklung ziemlich genau diesen Wert der Nettoreproduktionsrate tatsächlich erreichen. Eine Nettoreproduktionsrate von 0,5 wird daher langfristig nur dann eintreten, wenn sich die in den letzten Jahren zu verzeichnende Geburtenabnahme auch in Zukunft fortsetzt. Die Bundesregierung bezeichnet deshalb diese Modellannahme auch als „pessimistische Untergrenze".

Nach unserem augenblicklichen Wissen dürfte eine Entwicklung für die Zukunft wahrscheinlich sein, die zwischen diesen beiden Modellen liegt.

Aufsehen erregt hat vor einigen Wochen eine Pressemitteilung, daß im vergangenen Jahr die Zahl der Geburten gegenüber dem Vorjahr ganz schwach zugenommen habe, also nicht weiter abgesunken sei. Schon methodisch ist eine solche Feststellung durchaus nicht mit einem Wandel in der Geburtenentwicklung gleichzusetzen, weil jetzt laufend stärkere Jahrgänge in das gebärfähige Alter kommen. Es kommt aber hinzu, daß schon die Entwicklung im ersten Viertel dieses Jahres einen erneuten starken Geburtenrückgang gebracht hat, so daß man aus der Entwicklung von 1976⁵⁾ nicht auf eine sicherlich langfristig nicht völlig ausschließbare Tendenzwende in der Bevölkerungsentwicklung schließen kann.

Nach alledem scheint es erforderlich, daß die Raumordnungspolitik diesen wahrscheinlich weitergehenden künftigen Bevölkerungsrückgang in der Zukunft noch mehr zum Ausgangspunkt ihrer eigenen Arbeiten nimmt. Diese Forderung kann sicherlich nur global gelten, weil Abweichungen für einzelne Länder oder gar für kleinere Räume von diesem Entwicklungsdurchschnitt auch in Zukunft zu erwarten sind, was sogar vereinzelt für kleinere Räume zu einem Ansteigen der örtlichen Bevölkerung — auch ohne Wanderungen — führen kann.

Sehen wir uns nunmehr die wahrscheinliche künftige Entwicklung etwas näher an (Tabelle 1), wobei insbesondere auf die die wahrscheinliche Entwicklung gut umschreibenden „Kommentare" verwiesen sei.

Hinsichtlich der Entwicklung des Bruttosozialproduktes ergibt sich in der jüngeren Zeit das in Tabelle 2 dargestellte Bild.

Wie die Ziffern zeigen, war die Veränderung des absoluten realen Bruttosozialproduktes wesentlich stärkeren Schwankungen ausgesetzt als diejenige des realen Bruttosozialproduktes je Kopf der Bevölkerung, da ein erheblicher Teil des Wachstums auf Bevölkerungsveränderungen zurückgeht. Das Wachstum des realen Bruttosozialproduktes je Kopf hat langfristig im Beobachtungszeitraum eindeutig sinkende Tendenz, wobei für die jüngste Zeit die Mitbeteiligung einer konjunkturellen Komponente nicht ausgeschlossen werden kann.

Vergleicht man damit die Vorausschätzungen der Bundesregierung für die Zukunft, so wird deutlich, daß sie recht optimistisch sind. So rechnet z. B. das jüngst erschienene „Koordinierte Investitionsprogramm für die Bundesverkehrswege bis zum Jahre 1985" ⁵ᵃ⁾ für die Zeit von 1970 bis 1990 mit einem Wachstum des realen Bruttosozialproduktes

---

⁴) Im Vergleich sei darauf hingewiesen, daß erst eine Nettoreproduktionsrate von 1,0 etwa eine stationäre Bevölkerung ergeben würde.

⁵) Vgl. dazu: Bevölkerungsentwicklung 1976. In: Wirtschaft und Statistik, Heft 7/1977, S. 446 ff.

⁵ᵃ) Vgl. der Bundesminister für Verkehr: Koordiniertes Investitionsprogramm für die Bundesverkehrswege bis zum Jahre 1985, Bonn 1977, S. 32.

Tabelle 1: *Synopsis der Ergebnisse von zwei Vorausschätzungen (Auszug)*

Basis: Deutsche Bevölkerung am 1. 1. 1975*).
Sterblichkeit: Variation bis 1980 (Trendextrapolation).
Wanderungen: Keine.

Vorausschätzungsmodell / Geburtenannahme / Jahr Art des Nachweises / Kurzkommentierung	Ergebnisse 1975	Modell a Nettoproduktionsrate bis 1977 auf 0,65				Modell b Nettoproduktionsrate bis 1985 auf 0,5			
		1985	2000	2015	2030	1985	2000	2015	2030
Bevölkerungsstand (in Mio)	57,9	55,7	52,2	46,3	39,4	55,0	49,2	41,1	32,0
Bevölkerungsstand wenn 1975=100	100	96	90	80	68	95	85	71	55
Lebendgeborene (in 1 000)	523	601	439	387	289	440	309	214	141
Geburtenüberschuß (+) bzw. -defizit (—) (in 1 000)	—214	—197	—344	—422	—496	—355	—469	—586	—630
Altersgruppen *(1975=100)*									
3- bis 5jährige	100	73	69	52	42	62	50	31	22
Kommentar		Laufende Abnahme Überschuß an Kindergärtenplätzen							
6- bis 9jährige	100	55	61	41	36	51	44	26	19
Kommentar		Rückgang auf ein Drittel				Rückgang auf ein Fünftel			
		(weniger Schüler in Grundschulen)							
10- bis 15jährige	100	67	62	44	39	67	46	30	21
Kommentar		Rückgang auf 40 %				Rückgang auf ein Fünftel			
		(weniger Schüler in der Sekundarstufe I)							
16- bis 18jährige	100	111	66	56	46	111	53	41	26
Kommentar: Maximum 1980 („Abiturientenberg" zwischen 1980 und 1985) u. wachsende Nachfrage nach Ausbildungsplätzen bis 1985		nach 1980 laufende Abnahme							
19- bis 24jährige	100	125	68	72	50	125	61	53	31
Kommentar: „Studentenberg" 1985		nach 1985 starke Abnahme der Zahl der Studenten							
15- bis 64jährige	100	107	97	87	69	107	95	79	55
Kommentar: Zunahme der Arbeitskräfte bis 1990		nach 1990 rückläufige Zahl der erwerbsfähigen Bevölkerung							
über 65jährige	100	94	94	97	105	94	94	97	105
Kommentar		Zahl der älteren Mitbürger ziemlich konstant							
Anteil der Gesamtbevölkerung (%)									
unter 15jährige	22	15	16	13	13	14	12	9	8
15- bis 64jährige	63	70	68	69	64	71	71	70	63
über 65jährige	15	15	16	18	23	15	17	21	29
Kommentar		allmähliche Überalterung				zunehmende Überalterung			
Belastungsquoten auf 100 15- bis 64jährige kommen									
0- bis 14jährige	34	22	23	19	20	20	17	13	13
über 65jährige	24	21	23	27	37	21	24	29	46
0- bis 14- und über 65jährige	58	43	46	45	57	41	41	42	59
Kommentar		zunächst abnehmende, dann zunehmende Gesamtbelastung nicht über den heutigen Stand, abnehmende Kinder-, zunehmende Altenlasten							

*) Deutsche Staatsangehörige.
Quelle: Deutscher Bundestag, 8. Wahlperiode, Drucksache 8/680.

Tabelle 2: Bruttoinlandsprodukt*) der Bundesrepublik Deutschland 1950—1976

Zeitraum	in jeweiligen Preisen				in Preisen von 1970				Dschntl. jährl. Veränd. d. BIP je Einw. in Fünfjahreszeiträumen**) (%)
	Bruttoinlandsprodukt (Mrd. DM)	Veränderungen gegenüber d. Vorjahr (%)	BIP je Einwohner (DM)	Veränderungen gegenüber d. Vorjahr (%)	Bruttoinlandsprodukt (Mrd. DM)	Veränderungen gegenüber d. Vorjahr (%)	BIP je Einwohner (DM)	Veränderungen gegenüber d. Vorjahr (%)	
1950	98,05	—	2 063	—	186,41***)	—	3 923	—	—
1955	182,00	—	3 699	—	294,02***)	—	5 976	—	10,5
1960	302,80	—	5 462	—	428,74	—	7 734	—	5,9
1965	459,27	—	7 835	—	546,12	—	9 316	—	4,1
1966	488,34	6,3	8 256	5,4	559,75	2,5	9 464	1,6	—
1967	494,46	1,3	8 340	1,0	558,84	—0,2	9 426	—0,4	—
1968	534,90	8,2	8 990	7,8	593,97	6,3	9 983	5,9	—
1969	596,95	11,6	9 938	10,5	640,46	7,8	10 662	6,8	—
1970	678,75	13,7	11 191	12,6	678,75	6,0	11 191	5,0	4,0
1971	754,88	11,2	12 318	10,1	700,68	3,2	11 433	2,2	—
1972	825,99	9,4	13 394	8,7	726,28	3,7	11 777	3,0	—
1973	918,60	11,2	14 822	10,7	761,84	4,9	12 293	4,4	—
1974	987,13	7,5	15 908	7,3	765,95	0,5	12 343	0,4	—
1975	1 029,42	4,3	16 649	4,7	745,99	—2,6	12 065	—2,3	1,6
1976	1 121,32	8,9	18 229	9,5	788,21	5,7	12 814	6,2	—

*) 1950 und 1955 ohne Saarland und ohne Berlin (West). Ab 1974 vorläufige Ergebnisse.
**) Bezogen jeweils auf den Endwert des vorangegangenen Fünfjahreszeitraumes.
***) Eigene Berechnungen. Berechnet unter Verwendung der verknüpften Preisindices für das Bruttosozialprodukt 1970=100 und 1954=100.

Quellen: Statistisches Bundesamt: Volkswirtschaftliche Gesamtrechnungen, Fachserie N, Reihe 3, Sonderbeiträge: Revidierte Reihen ab 1950, Stuttgart/Mainz 1971; sowie Fachserie 18, Reihe S. 2: Revidierte Ergebnisse 1960 bis 1976, Stuttgart/Mainz, Juli 1977.
Statistisches Jahrbuch für die Bundesrepublik Deutschland, Jahrbücher 1954, 1958 und 1964.

von 3,5 % im Jahresdurchschnitt. Für eine solche Annahme könnte sprechen, daß die Zahl der Erwerbstätigen wahrscheinlich trotz des Bevölkerungsrückganges bis 1990 um ca. 1 Mio. Personen zunehmen wird. Andererseits dürfte es bei dem schon eingetretenen und für die weitere Zukunft noch zu erwartenden Bevölkerungsrückgang, vor allem bei den jungen Jahrgängen, sehr wahrscheinlich an der für ein solches Wachstum erforderlichen Nachfrageausweitung in konsumtiver und investiver Hinsicht teilweise fehlen: Wenn heute z. B. die Zahl der 3- bis 6jährigen Kinder nur noch einen Bruchteil ihres Höchststandes von ca. 1970 erreicht, entfällt in ganz starkem Maße der Anreiz für den Bau neuer Kindergärten oder, um ein Beispiel aus dem Bereich der Privatindustrie zu zitieren, für den Ausbau der Spielzeugindustrie, soweit diese auf den Bedarf der Kinder und nicht auf die Interessen älterer Menschen ausgerichtet ist. In etwa 10 Jahren erreicht die Welle der rückläufigen Jahrgänge das Heiratsalter, und dann wird die Nachfrage nach neuen Möbeln langsam, aber kontinuierlich zurückgehen, soweit sie von dieser Bevölkerungsgruppe ausgeht. Das kann teilweise durch andere Entwicklungskomponenten überlagert werden, wie etwa die stärkere Nachfrage älterer Menschen nach neuen Möbeln. Vielleicht läßt sich sogar durch die Weckung von neuer Nachfrage für einen Teil der Produktion vermeiden, daß die Gesamtnachfrage absolut zurückgeht; aber für einen anderen Teil der Produktion ist selbst ein absoluter Rückgang nicht auszuschließen[6].

Diese Entwicklung bildet einen erheblichen Kontrast zur früheren Zeit, in der die Nachfrage laufend wuchs; damals spielte unter den für diese Nachfrageausweitung maßgebenden Komponenten die Erhöhung der inländischen Bevölkerung eine wichtige, wenn auch in ihrer Wirksamkeit nicht genau zu quantifizierende Rolle.

Ein Drittes dürfte sich nach den Erfahrungen der jüngeren Zeit ebenfalls für die nahe Zukunft gegenüber den Erwartungen der zurückliegenden Jahre verändern: Vielfach träumte man, den Prognosen von FOURASTIÉ folgend, davon, daß der tertiäre Sektor in Zukunft den Arbeitsplatz für einen laufend wachsenden Prozentsatz von Beschäftigten stellen würde[7]. Ähnlich hat z. B. die Systemanalyse des Landes Baden-Württemberg eine Steigerung der Beschäftigten in diesem Sektor um ein Drittel von 1970 auf 1990 angenommen. Für einzelne Regionen dieses Landes wurden innerhalb dieses Zeitraumes sogar Steigerungsraten von über 50 % unterstellt[8]. Zwar ist ein Teil dieser Zuwächse bereits in der zurückliegenden Zeit nach 1970 realisiert worden, es erfolgten aber auch in den letzten Jahren im Öffentlichen Dienst des Landes Baden-Württemberg, das hier nur als Beispiel auch für andere Bundesländer dient, recht beträchtliche Stellenkürzungen. Ein Blick auf die Budgetdiskussionen der letzten Jahre zeigt zudem, daß eine langfristig starke Zunahme der Zahl der Beschäftigten im Öffentlichen Dienst nicht zu erwarten steht, zumal im Schulsektor, dem zahlenmäßig wichtigsten Beschäftigungsbereich, ein laufender Rückgang der Schülerzahlen zu erwarten ist. Das ist von besonderer Bedeutung, weil im Öffentlichen Dienst nach wie vor ein Schwergewicht der Dienstleistungsbeschäftigung liegt.

---

[6] Von Nachfrageeffekten durch außenwirtschaftliche Beziehungen wird an dieser Stelle abgesehen.

[7] Die Hauptthese FOURASTIES lautet: „Der überflüssige Teil der Erwerbsbevölkerung, der durch den technischen Fortschritt im primären und sekundären Sektor freigesetzt wird (obwohl diese beiden Sektoren sich ständig ausweiten), findet im tertiären Sektor eine neue Beschäftigung". J. FOURASTIÉ: Die große Hoffnung des 20. Jahrhunderts, 2. Aufl., Köln 1969, S. 123.

[8] Systemanalyse zur Landesentwicklung Baden-Württemberg, Stuttgart 1975; s. hierzu die Besprechung des Autors in: Raumforschung und Raumordnung, 34. Jg. 1976, S. 81 ff.

Es ist auch unwahrscheinlich, daß sich — bei dieser Überlegung setzen wir uns über gewisse Unzulänglichkeiten der Beschäftigtenzuordnung in den meisten Nachweisen der amtlichen Statistik hinweg — die Industrie in entscheidenden Teilen des Dienstleistungssektors in Zukunft wesentlich stärker als in der Vergangenheit engagieren wird. Auch eine erhebliche Verstärkung der Beschäftigung in anderen Teilen des Dienstleistungsbereiches — ich komme auf diesen Punkt noch zurück — erscheint wenig wahrscheinlich.

So sind also bei realistischer Betrachtung im tertiären Sektor, aber darüber hinaus auch ganz allgemein, nicht allzuviele positive Ansätze für eine wesentliche Steigerung der Beschäftigung zu verzeichnen. Es sind denn auch die Beschäftigungsvorausschätzungen der Bundesanstalt für Arbeit, Nürnberg bzw. des Instituts für Arbeitsmarkt- und Berufsforschung, die 1974 noch für die 80er Jahre mit einem zusätzlichen Bedarf an ausländischen Arbeitnehmern von über 2 Mio. abgeschlossen hatten, inzwischen zu der Ansicht gelangt, daß es, auch wenn keine weiteren ausländischen Arbeitnehmer mehr zuwandern, im Inland bis 1990 wahrscheinlich in beträchtlichem Maße an Beschäftigungsmöglichkeiten fehlen dürfte.

Das alles schränkt — und das ist die zentrale These dieses Referates — in Zukunft den raumordnungspolitischen Spielraum entscheidend ein. Er wird kleiner sein, als nach vielen optimistischen Wachstumsprognosen noch im Jahre 1974 erwartet werden konnte. Er wird aber auch geringer sein als der Spielraum, den die Raumordnungspolitik in der Vergangenheit tatsächlich besaß — und der kann sicherlich nicht als groß bezeichnet werden.

Es kommt hinzu, daß wichtige Instrumente der Raumordnungspolitik einen erheblichen Teil ihrer Wirkungskraft einbüßen werden. Ein besonders wichtiges Instrument bestand seit Jahrzehnten auf der Ebene des Bundes und der Länder in der Unterstützung der Ansiedlung neuer Betriebe an ausgewählten Orten, vor allem in Form der Gemeinschaftsaufgabe „Verbesserung der regionalen Wirtschaftsstruktur". Dieses Instrument wurde auch vielfach bei entsprechenden Maßnahmen der Kommunen angewendet. Ihm kann bei aller Skepsis im einzelnen für die Vergangenheit ein Erfolg nicht abgesprochen werden. So hat eine Untersuchung des unter meiner Leitung stehenden Instituts für Regionalpolitik und Verkehrswissenschaft der Universität Freiburg ergeben, daß sich im Sekundärbereich die regionale Konzentration (regionales Raster: Regierungsbezirke) im Beobachtungszeitraum 1960/72 geringfügig *verringert* hat. So hat sich z. B. der Anteil der sechs größten Ballungsgebiete an der industriellen Beschäftigung von 49,5 % auf 48,5 % und an der industriellen Bruttoproduktion von 51,6 % auf 50,3 % reduziert.

Im einzelnen zeigte sich, und zwar schon *vor* Beginn der letzten Rezession, daß

1. sich die industrielle Entwicklung in den Ballungsräumen, bezogen auf den Bundesdurchschnitt, merklich abflacht und daß
2. Gebiete außerhalb der Ballungsräume in der Regel im industriellen Bereich eine überdurchschnittliche Entwicklung verzeichnen.

Die regionalen Umschichtungen sind von ihrer Quantität her marginal; es ist jedoch erkennbar, daß eine fortschreitende Konzentration des Sekundärbereiches in den Ballungsgebieten *nicht* stattgefunden hat.

Ein wichtiges Motiv für die Begründung neuer Standorte im Rahmen der Industrieansiedlung war für die Unternehmer in der Vergangenheit stets die Ausschöpfung der Arbeitskraftreserven am bestehenden Standort und die Hoffnung auf freie Arbeitskraftreserven an den neuen, bisher industriell weniger stark besetzten Orten. Bei der für die Zukunft zu erwartenden Arbeitsmarktlage dürfte diese Erwägung für die Unternehmer sicherlich weit weniger bedeutsam sein als in der Vergangenheit. Ein anderes, von der vorigen Erwägung nicht völlig zu trennendes Motiv dürfte für die Unternehmer oft in dem Streben nach Erweiterung der vorhandenen Kapazitäten gelegen haben. Die Unternehmer werden jedoch, wie schon ausgeführt, in Zukunft wesentlich weniger Erweiterungsinvestitionen vornehmen als in der Vergangenheit, wenn eine wichtige Nachfragekomponente, nämlich die Zahl der nachfragenden Menschen, laufend zurückgeht. Das heißt natürlich nicht, daß es in Zukunft keine Erweiterungsinvestitionen mehr geben wird, sondern nur, daß der Anreiz dafür in Zukunft wesentlich niedriger liegen wird als früher.

Ein dritter Grund für Investitionen und damit u. U. auch für Betriebsneugründungen, bei denen die Förderung ansetzen kann, liegt in der Aufnahme völlig neuer Produktionen oder auch darin, daß bisher nur einem kleinen Teil der Bevölkerung zugängliche Güter in der Zukunft einem breiteren Bevölkerungskreis zur Verfügung stehen sollen. Es ist in diesem Zusammenhang vor allem an mannigfaltige Entwicklungen seit 1950, wie die allgemeine Motorisierung, die Versorgung der Haushalte mit Radio und Fernsehen und den Aufbau der Kunststoffindustrie zu denken. Von großer Bedeutung waren aber auch die Forcierung des Straßenbaues sowie die durch die Kriegszerstörungen und den Nachholbedarf bedingte starke Intensivierung des Hochbaues. Alle diese Entwicklungen haben in der Vergangenheit zu einer erheblichen Ausdehnung der Produktion geführt, die zu einem wesentlichen Teil die Gründung neuer Betriebe bewirkte. Ihr stand zwar andererseits ein noch größerer Rückgang der Zahl der Betriebe gegenüber; jedoch war im Zuge der Neugründungen stets eine wichtige Chance für einen Standort an anderer, von der Raumordnungspolitik geförderter Stelle gegeben.

Wie es in Zukunft mit den Anreizen, die von neuen Produkten für neue Betriebe ausgehen, stehen wird, ist nicht genau zu überblicken. Andererseits stehen im Augenblick, wenn nicht alles täuscht, nur wenige aussichtsreiche Neuentwicklungen von größeren Produktionsgruppen unmittelbar vor der Produktionsreife, und es gibt nicht wenige Wissenschaftler, die für die nähere Zukunft — etwa in Anlehnung an Überlegungen im Sinne eines Kondratieff-Zyklus — mit einem niedrigeren Stand der Neuentwicklung rechnen[9]).

Wenn auch nur ein Teil der hier vorgetragenen Argumente stichhaltig ist, dürfte der Anteil jener Betriebe, die einen neuen Standort suchen, in Zukunft gegenüber der jüngeren Vergangenheit erheblich zurückgehen. Das müßte tendenziell die Stellung der traditionellen Standorte stärken. Soweit die Betriebe beschäftigungsmäßig überhaupt noch expandieren, wird es sich um geringe prozentuale Erhöhungen der Zahl der Beschäftigten handeln. Diese geringfügigen Erweiterungen wird man aber in der Regel am bereits bestehenden Standort vornehmen, weil die Schwelle zu einem Neubeginn an anderer Stelle nicht erreicht wird.

Nun muß aber in Zukunft, wenn auch gegenüber der Vergangenheit im Tempo verlangsamt, mit einer weiteren Freisetzung von Arbeitskräften aus der Landwirtschaft gerechnet werden. Es finden sich auch viele schwächere industrielle Betriebe, vor allem aus heute schon notleidenden Branchen, wie z. B. der Textilindustrie, bevorzugt in ländlichen Gebieten. Alle dadurch freigesetzten Arbeitskräfte werden in Zukunft an

---

[9]) Kondratieff-Zyklen sind „lange Wellen" mit einer Periodenlänge von über 50 Jahren. Sie wurden von Kondratieff an Hand einer Untersuchung der historischen Wirtschaftsentwicklung herausgearbeitet. Als Ursache werden langwirkende „Entwicklungsschübe" angesehen, hervorgerufen z. B. durch die Erfindung der Dampfmaschine oder später des Motors, die Nutzbarmachung der Elektrizität oder die Entwicklung der Chemie in der zurückliegenden Zeit.

ihrem Wohnort sicherlich weniger Chancen haben, eine neue Beschäftigung zu finden als bisher. So wird sich in der Zukunft wahrscheinlich eine weitere Schwächung des ländlichen Raumes ergeben. War schon in der Vergangenheit die Entwicklung des ländlichen Raumes nicht gerade gut, so muß für die Zukunft mit einem weiteren Absinken seiner Entwicklungschancen gerechnet werden.

Eine Korrektur zu Gunsten des ländlichen Raumes scheint schwer vorstellbar. Zunächst dürfte eine erhebliche Ausweitung der Beschäftigung in den bereits behandelten Teilen des Dienstleistungsbereiches kaum eintreten; selbst bei einer beträchtlichen Ausweitung dieser Teile des Dienstleistungsbereiches erscheint es zweifelhaft, ob diese Entwicklung dem ländlichen Raum zugute kommen wird. Für den ländlichen Raum käme vor allem eine Ausweitung des Fremdenverkehrs im weitesten Sinne in Frage. Der Fremdenverkehr hat aber nur dort — das wird leider vielfach verkannt — eine wirklich tragfähige eigenständige wirtschaftliche Grundlage, wo zwei Saisons im Jahr möglich sind, also Winter- und Sommerbetrieb. In allen anderen Fällen reicht die Inanspruchnahme von wenigen Monaten im Jahr oder auch bei der Naherholung nur an den Wochenenden nicht für einen ausreichenden Grad von Wirtschaftlichkeit. Zwar ergibt sich auch dann, wenn nur eine Sommersaison von ca. 3 bis 4 Monaten möglich ist, bereits eine Hilfe für die Menschen im ländlichen Raum, die ihre Haupterwerbsquelle in anderen Wirtschaftszweigen haben; mehr steht aber nicht zu erwarten, es sei denn mit nachhaltiger staatlicher Unterstützung, woran man allenfalls vielleicht bei der Naherholung denken könnte. Aber auch dann bleiben noch genug Probleme zu bewältigen, die sich vor allem aus stoßweisen Anschwellen der Zahl der Fremden an den Wochenenden ergeben. Vielfach dürften auch Dauererholung und Naherholung in dem gleichen Raum nebeneinander ohne erhebliche gegenseitige Beeinträchtigung kaum zu betreiben sein, eine Erkenntnis, die in jüngster Zeit in der Bewertung der demnächst fertigwerdenden Bodensee-Autobahn und der evtl. vorzusehenden Schwarzwald-Autobahn zu zunehmender Skepsis geführt hat.

Siedlungsstrukturell hätte eine solche Entwicklung die weitere Entleerung des ländlichen Raumes in der Zukunft zur Folge, eine Entwicklung, die eine verantwortungsbewußte Raumordnungspolitik nicht gerne sieht, mit der man aber nach diesen Überlegungen wahrscheinlich wird rechnen müssen. Daß sich dagegen viel ausrichten läßt, scheint nach der Stärke der wirksamen Faktoren, vor allem aber auch nach den negativen Erfahrungen in einer den äußeren Umständen nach wesentlich günstigeren jüngeren Vergangenheit, wenig wahrscheinlich.

Aber auch ein anderes wichtiges Instrument der Raumordnungspolitik wird in einer Zeit schrumpfender Bevölkerung in seiner Wirkung erheblich geschwächt, die Bevölkerungsrichtwerte. Solche Bevölkerungsrichtwerte sind in der Vergangenheit in einer ganzen Reihe von Ländern eingeführt worden. Vielfach sollten sie die Ausweisung von Neubauflächen in den Flächennutzungsplänen oder Bauleitplänen begrenzen. Eine Wirksamkeit dieser Instrumente war sicherlich, wie die einschlägigen Erfahrungen zeigen, schon in Zeiten des Bevölkerungswachstums nicht leicht zu erreichen. Immer wieder versuchten die Gemeinden, mit guten oder weniger guten Gründen für sich eine Abweichung von den Bevölkerungsrichtwerten durchzusetzen.

In jüngerer Zeit wurden aber die Bevölkerungsrichtwerte schnell von der Entwicklung überrollt. In welchem Umfang und mit welcher Geschwindigkeit sich das vollzogen hat und sich in Zukunft vielleicht weiter vollziehen wird, demonstriert ein Beispiel aus Nordrhein-Westfalen. Hier hieß es noch im Landesentwicklungsprogramm vom 19. 3. 74 (§ 23) wie folgt: „Im Rahmen der angestrebten Gesamtentwicklung des Landes ist bis zum Jahre 1985 von einer im wesentlichen unveränderten Einwohnerzahl auszugehen". Der Entwurf eines Landesentwicklungsplanes I/II „Raum- und Siedlungsstruktur" vom 1. 6. 77 sieht jetzt in der gleichen Zeit bis 1985 für das gesamte Gebiet Nordrhein-Westfalen einen durchschnittlichen Bevölkerungsrückgang von 4,4 % vor, der sich in Form von Richtwerten auf die verschiedenen Regierungsbezirke aufteilt. Dazu heißt es dann: „Diese Richtwerte sind als *obere Grenzwerte* (von mir kursiv hervorgehoben, H. M.) der zu erwartenden Entwicklung anzusehen"[10]). In diesem Vergleich zwischen 1974 und 1977 und dem zusätzlichen Hinweis auf den Charakter der Richtwerte als obere Grenze schlägt sich ganz deutlich die rapide Veränderung nieder, ohne daß den an der Planerstellung beteiligten Behörden hierbei irgendein Vorwurf gemacht werden könnte.

Wie an diesem Beispiel gezeigt, lagen und liegen den verschiedenen Arten von Raumordnungsplänen in der jüngsten Vergangenheit und auch heute noch in der Regel zu optimistische Bevölkerungsprognosen zugrunde. Die Folge davon ist, daß die daraus abgeleiteten Flächennutzungspläne in ihrer Begrenzung weniger wirksam sind als im Fall einer wachsenden Bevölkerung.

Daraus muß man die Folgerung ziehen, daß die Basis von Bevölkerungsrichtwerten einigermaßen realistische Prognosen sein sollten. Derartige Forderungen sind aber leichter aufgestellt als erfüllt, wie sich an Hand vieler leidvoller Erfahrungen aller Teile der Raumordnung, vor allem auch bei bestimmten Planungen der Bundesregierung, zeigen läßt.

Bei der in den letzten Jahren laufend zu verzeichnenden Abwärtsbewegung der Geburten ist es außerordentlich schwer, eine geeignete Basis für eine Bevölkerungsprognose des Gesamtraumes zu erstellen: Eine Konditional-Prognose nach dem Muster, bei einer Reproduktionsrate von 0,65 wird sich die Bevölkerung wie folgt entwickeln, nutzt wenig, wenn nicht gesichert ist, daß die Voraussetzung auch wahrscheinlich ist. Sind die Prognosezeiträume länger, so taucht immer wieder die Frage auf, ob man für den ganzen Zeitraum mit einem weiteren Absinken der Geburtenraten rechnen muß oder ob ein irgendwie gearteter Mindestwert gewissermaßen die Untergrenze der Abwärtsbewegung bilden wird oder ob gar — und zu welchem Zeitpunkt — vielleicht wieder ein Baby-Boom zu erwarten steht. Auf all diese Fragen kann die Statistik keine Antworten geben, was dazu führen muß, daß wir einen hohen Unsicherheitsgrad hinsichtlich der zu erwartenden Bevölkerungsentwicklung nicht vermeiden können. Das belastet naturgemäß unsere Planungen ganz erheblich, ist aber nach Lage der Dinge nicht zu ändern.

Bietet somit schon die globale Bevölkerungsprognose für einen übergeordneten Raum in Zeiten eines allgemeinen Bevölkerungsrückgangs ganz besondere Schwierigkeiten, so ergeben sich zusätzliche bei der Regionalisierung dieser Prognose. Zwar kann man die altersmäßig gegliederte Bevölkerung für jeden Teilraum des Gesamtraumes mit ihren altersspezifischen Fruchtbarkeitsziffern fortschreiben, wobei man sogar — falls erforderlich — den regionalen Besonderheiten dieser Fruchtbarkeitsziffern Rechnung tragen und so die Zahl der zu erwartenden künftigen Geburten bestimmen kann. Die diesen Geburten gegenüberstehenden Sterbefälle enthalten prognostisch in der Regel wesentlich weniger Schwierigkeiten, weil sie altersspezifisch gesehen im Zeitverlauf einigermaßen konstant sind.

---

[10]) Landesentwicklungsplan I/II „Raum- und Siedlungsstruktur" in: ULLRICH, W./LANGER, H. (Hrsg.): Sammelband Landesplanung und Raumordnung, Gruppe 9 (Nordrhein-Westfalen), Lapla 172/173 vom 30. Sept. 1977, S. 20 k¹.

Einen Fragenkreis, der der Prognose schon immer erhebliche Schwierigkeiten bereitet hat, bilden jedoch die Wanderungen. Die davon ausgehenden Probleme sind in Zeiten eines allgemeinen Bevölkerungswachstums wesentlich leichter zu bewältigen als bei einem allgemeinen Rückgang der Bevölkerung, zumal sich Entwicklungen aus der Vergangenheit in diesem Fall kaum auf die Zukunft übertragen lassen, ohne daß ganz eingehend geprüft wird, ob die vorher gegebenen Entwicklungen auch in Zeiten eines allgemeinen Bevölkerungsrückganges andauern werden.

Ganz besonders schwierig wird es dann, wenn die Raumordnungspolitik bei der Festsetzung von Bevölkerungsrichtwerten ihrer eigentlichen Zielsetzung entsprechend auf die künftige Verteilung der Bevölkerung bewußt Einfluß nehmen will. In Zeiten des Bevölkerungswachstums war die Raumordnungspolitik in dieser Hinsicht schon nicht besonders erfolgreich. Wie aber will man in Zukunft Elemente einer wirklichen Raumordnungspolitik in diesen Richtwerten zum Ausdruck bringen? Sehen wir einmal von dem im Augenblick unwahrscheinlichen Fall ab, daß wieder in stärkerem Maße Wanderungen über die Grenzen erfolgen, so bedeuten wanderungsbedingte Zuwächse für einen Teilraum stets, daß andere Teilräume einen Teil ihrer Bevölkerung abgeben müssen. Die einzelnen Teilräume werden aber die aus Forderungen der Raumordnung sich ergebenden Wanderungen in Zeiten eines allgemeinen Bevölkerungsschwundes viel weniger hinzunehmen bereit sein als in Perioden des Bevölkerungswachstums.

Es liegt nahe, daraus eine Folgerung abzuleiten, wie sie Nordrhein-Westfalen in seinem schon einmal zitierten Planentwurf aus diesem Jahr zieht: „Soweit in den Oberbereichen des Landes auf Grund einer positiven Geburtenentwicklung Einwohnerzuwachs zu erwarten ist, soll dieser Zuwachs möglichst in diesen Räumen verbleiben[11]).

Von der Frage, wie das zu sichern ist, abgesehen, stellt eine solche Formulierung einen sicherlich sehr naheliegenden und auch teilweise wohlbegründeten Verzicht auf besondere Ziele der Raumordnungspolitik hinsichtlich der zu erwartenden Veränderungen der zukünftigen regionalen Bevölkerungsverteilung dar. Dieser Verzicht liegt darin begründet, daß in keiner Weise gesichert ist, daß Geburtenüberschüsse, wenn es solche in Zukunft in größeren Gebieten noch geben sollte, stets nur dort auftreten, wo es nach den Zielen der Raumordnung auch zu einem Bevölkerungszuwachs kommen sollte.

Bei der Ausweisung negativer Bevölkerungsveränderungen in den Richtwerten für die Zukunft treten große Schwierigkeiten auf. Soweit derartige Werte sich rein als Folge der prognostizierten natürlichen Bevölkerungsentwicklung ergeben, sollten diese überwindbar sein, wenn erst der Tatbestand einer rückläufigen Bevölkerung allgemein bekannt ist. Ungleich schwieriger aber wird es, wenn Wanderungen mit ins Spiel kommen, wie es unvermeidbar ist. Seit vielen Jahrzehnten haben viele große Städte laufend ihre Bevölkerung aus dem „flachen Land" ergänzt, und es erscheint kaum vertretbar, diese Entwicklung für die Zukunft abzustoppen, auch wenn sich inzwischen die Geburtenunterschiede zwischen Stadt und Land erheblich reduziert haben. Das alles müßte bei der Festlegung von Bevölkerungsrichtwerten ausdiskutiert und, soweit es sich nicht um weisungsgebundene untergeordnete Gebietseinheiten handelt, von den ausführenden Organen der Teilräume auch in seinen Folgerungen mitgetragen werden.

Ergeben sich schon bei der Festlegung der Richtwerte ganz entscheidende Probleme, so treten weitere auf, wenn sie wirklich wirksam werden. Wie schon ausgeführt, lag ein Hauptansatzpunkt des Instrumentes der Bevölkerungsrichtwerte bisher in der Bauland-

---

[11]) Landesentwicklungsplan..., a. a. O., S. 20 k[1].

ausweisung. In Zeiten einer expandierenden Bevölkerung ist das sicherlich ein geeigneter Ansatzpunkt, der zudem nicht allzusehr in den Freiheitsraum des einzelnen Bürgers, seinen Wohnort dort zu wählen, wo es ihm beliebt, eingreift. Bei einem Bevölkerungsrückgang wird ein solches Instrument nur dann wirksam, wenn die durch einen größeren Wohnkomfort bedingten Neubauten der Bevölkerung mehr Baufläche benötigen, als durch die Schrumpfung der Bevölkerung frei wird. Bei einer nur in geringem Maße zurückgehenden Bevölkerung kann man darauf vertrauen, daß per Saldo mehr Baufläche benötigt wird. Nun ist aber zumindest in den Jahren nach 1990 mit einem erheblichen Bevölkerungsrückgang zu rechnen. Da es sich dabei um den Durchschnittswert für die Gesamtbevölkerung der Bundesrepublik Deutschland handelt, wird es mit Sicherheit sogar einzelne Teilräume geben, in denen dieser Wert noch beträchtlich unterschritten wird. Dann fehlt aber weitgehend eine Steuerungsmöglichkeit der Bevölkerungsentwicklung über die Bauleitplanung, weil durch den Bevölkerungsrückgang ein starker Spielraum für eine räumliche Bevölkerungsbewegung entsteht. Das könnte durchaus dazu führen, daß — auch ohne große Neubautätigkeit — Teilgebiete über Gebühr und andere sehr viel weniger stark entleert werden. Hier faßt die bisherige Art des Planungsinstrumentes nicht mehr.

Einige örtliche Gruppen unserer Parteien haben dies bereits erkannt und fordern eine Zuzugsbeschränkung für bevorzugte Orte. Diese Überlegung ist sicherlich konsequent, aber sie verstößt gegen wichtige Grundsätze unserer Verfassung: die freie Wahl des Arbeitsplatzes und des Wohnortes. Es erscheint sehr fraglich, ob man ohne ganz gewichtige Gründe, wie sie etwa in einer mangelhaften Trinkwasserversorgung oder in erheblichen Schwierigkeiten bei der Abwasserbeseitigung liegen können, wobei solche Schwierigkeiten sicherlich zeitlich nur begrenzt wirksam sein dürfen, eine örtliche Zuzugsbeschränkung einführen kann.

Wir kommen zum Schluß, und ich möchte meine Ausführungen noch einmal thesenartig zusammenfassen:

1. Wir müssen im Gegensatz zu früher für die überschaubare Zukunft in unserem Bundesgebiet mit einer abnehmenden Bevölkerung im langfristigen Durchschnitt mit gegenüber vorher verringerten Wachstumsraten des realen Bruttosozialproduktes je Kopf rechnen.
2. Das Instrument der Förderung der Industrieansiedlung wird in Zukunft wesentlich weniger effektiv sein als bisher, weil weniger Grund für die Unternehmen besteht, neue Betriebe an anderen Orten zu begründen.
3. Auch im tertiären Sektor nehmen die raumordnungspolitischen Einflußmöglichkeiten ab, weil sich auch in diesem Bereich gewisse Stagnationstendenzen breit machen und mit entscheidenden Erweiterungen und Ergänzungen kaum zu rechnen ist.
4. Die Beeinflussung der Wanderungen dürfte in Zukunft wesentlich schwieriger werden als bisher. Richtwerte der Bevölkerungsentwicklung, in denen sich ein wirklicher Wille der Raumordnungspolitik niederschlägt, sind bei rückläufiger Bevölkerung viel schwieriger aufzustellen als bei expandierender. Selbst wenn es gelingen sollte, solche Werte einzuführen, dürfte ihr Wirkungsgrad ganz entscheidend niedriger liegen.
5. Das alles wird dazu führen, daß die Stellung des ländlichen Raumes in der Zukunft noch schwieriger wird als in der Vergangenheit.

Referat Professor Dr. Bruno Dietrichs, München

Konzeptionelle Ansätze zur Entwicklung der Raum- und Siedlungsstruktur*)

I. Die „Trendwende" als Herausforderung für die Raumordnungspolitik

Den Anstoß zur Erörterung konzeptioneller Ansätze zur Entwicklung der künftigen Raum- und Siedlungsstruktur in der Bundesrepublik Deutschland geben die *veränderten Rahmenbedingungen*. Sie lassen sich wie folgt zusammenfassen:

— Abnahme der Bevölkerung bei zunächst noch ansteigender Erwerbspersonenzahl und Konstanz der Zahl der Arbeitsplätze,

— verringertes Wirtschaftswachstum,

— Einengung des Finanzierungsspielraums für öffentliche Aufgaben bei steigendem Anspruchsniveau der Bevölkerung,

— Einschränkung privatwirtschaftlicher Investitionen für die Ausweitung der Kapazitäten durch höhere Aufwendungen für den Umweltschutz und für Ersatzinvestitionen zur Modernisierung der relativ veralteten Kapitalstruktur,

— eine tiefgreifende Umwandlung der sektoralen Industriestruktur,

— sich ändernde weltwirtschaftliche Verflechtungen und Verknappung und Verteuerung von Rohstoffen und Energie mit unterschiedlichen Auswirkungen auf die regionale Wirtschaftsstruktur.

Geht man davon aus, daß diese heute schon absehbaren Trends sich mehr oder minder stark durchsetzen werden, so sind die möglichen Auswirkungen dieser auch als „Trendwende" bezeichneten generellen Entwicklung auf die konkrete Raumstruktur schwer abzuschätzen, weil hierfür *Erfahrungen fehlen*. Notgedrungen kommen damit spekulative Elemente in die Betrachtung. Erfahrungen liegen für vergangene wachstumsgeprägte Perioden der Raumstrukturentwicklung und ihre Steuerung durch etablierte Konzeptionen vor — z. B. Zentrale Orte- und Achsen-System, Entwicklungsschwerpunkte bzw. -zentren im Sinne von Wachstumspolen, ausgeglichene Funktionsräume und generell ein großräumiger Ausgleich in der Raum- und Siedlungsstruktur. Unter ungleich günstigeren Bedingungen waren diese Konzeptionen nicht so überzeugend effizient, daß wir sie auch unter negativem Vorzeichen für die Raumentwicklung unverändert beibehalten könnten. Es geht in erster Linie um eine *kritische Überprüfung* dieser Konzeptionen und ihre *notwendigen Modifikationen* angesichts des künftig knapper werdenden oder sogar abnehmenden Entwicklungspotentials.

---

*) In einigen Punkten erweiterte Fassung des Referats.

Die hierbei zur Diskussion zu stellenden *Planungsalternativen* sollten allerdings den rekurrenten Anschluß an grundlegende Vorgaben für jegliche Raumplanung nicht aufgeben, nur weil die Schwierigkeiten sich künftig noch häufen werden. Zu diesen *unveränderlichen Vorgaben* gehören als *Leitziele* überall gleichwertige Lebensbedingungen, Wohlstandssteigerung und Erhaltung der natürlichen Ressourcen sowie eine *räumlich dezentralisierte Entscheidungsstruktur* entsprechend unserem föderalen Staatsaufbau. Andererseits wäre es wenig realistisch, neben den raumordnungspolitischen Grundzielen auch die zu ihrer bestmöglichen Verwirklichung eingesetzten Konzeptionen beibehalten zu wollen und lediglich einen Ausbau des raumordnungspolitischen Instrumentariums — insbesondere ein nachhaltigeres Gegensteuern bei der Verteilung raumwirksamer öffentlicher Mittel im Sinne eines großräumigen Ausgleichs — als Antwort auf die ungünstigeren räumlichen Entwicklungsbedingungen zu fordern. Zwar wird die *Weiterentwicklung der Instrumente* auch in Zukunft eine wichtige Aufgabe bleiben. Ihre politische Durchsetzung könnte aber nur mit noch weniger Aussicht auf Erfolg versucht werden, wenn sie an Konzeptionen orientiert bleibt, die mindestens partiell nicht mehr zeitgemäß sind.

Bevor wir uns den konzeptionellen Fragen zuwenden, erscheinen einige Anmerkungen zu den Möglichkeiten und Grenzen prognostischen Wissens angebracht zu sein. Denn auch in den Prognosen — ebenso wie in den Konzeptionen — wird ein Status quo in den Verhaltensweisen der Akteure und Betroffenen in die Zukunft übertragen, obwohl hier ebenfalls Änderungen naheliegen und zum Teil absehbar sind.

II. Konsequenzen aufgrund der Status quo-Prognose

Es bietet sich an, in einem ersten Schritt die unterschiedlichen raumstrukturellen Auswirkungen der Trendwende auf große Verdichtungsräume und periphere ländliche Räume abzuschätzen. Die Ergebnisse der Status quo-Prognose[1]) liefern hierfür nur bedingt Anhaltspunkte. In einer solchen Prognose werden Abwanderungen u. a. mit einer defizitären regionalen Infrastrukturausstattung (Wohnortfaktor) begründet; wir haben uns dagegen mit der durch Abwanderungen bewirkten Unterauslastung eben dieser Infrastruktur zu befassen.

Die Einschätzung von Art, Richtung und Ausmaß räumlicher Entwicklungsprozesse unter den veränderten Rahmenbedingungen ist kein Prognoseproblem im herkömmlichen Sinne. Es fehlen durch Systemprognosen unterstützbare Erfahrungen, wie Restriktionen, Stagnation und Abnahmen bei den Entwicklungsfaktoren in räumlichen Prozessen in die Zukunft projiziert werden können und welche Interaktionen bei diesen Faktoren wahrscheinlich sind. Die Status quo-Prognose entläßt uns ja mit dem Ergebnis, daß in den peripheren ländlichen Regionen 1990 mit Arbeitsplatzdefiziten zwischen 10 und 20 % zu rechnen ist, so daß die Abwanderung im Verein mit den Geburtendefiziten Bevölkerungsabnahmen um 10 bis 14 % erwarten läßt. Vor allem ist völlig offen, unter welchen

---

[1]) Die folgenden Überlegungen beziehen sich auf die Prognose im Raumordnungsprogramm für die großräumige Entwicklung des Bundesgebietes (Bundesraumordnungsprogramm). Schriftenreihe „Raumordnung" des Bundesministers für Raumordnung, Bauwesen und Städtebau, Heft 06.002, Bonn 1975, S. 27 ff. und 42, und ihre Aktualisierung: Raumordnungsprognose 1990. Schriftenreihe „Raumordnung" des Bundesministers für Raumordnung, Bauwesen und Städtebau, Heft 06.012, Bonn 1976.

Bedingungen und auf welchem Niveau sich regionale Entwicklungsprozesse mit negativem Vorzeichen schließlich konsolidieren könnten.

Für die *Verdichtungsräume* läßt sich die zukünftige Entwicklung so deuten, daß zeitweilige Entlastungen des Wohnungsmarktes, der sozialen Infrastruktur und der Umwelt in Verbindung mit dem hohen Anteil dieser Räume an qualifizierten Erwerbsmöglichkeiten eine verstärkte Sogwirkung auf die ländlich strukturierten Räume ausüben werden[2]. Die neuere Raumordnungsprognose von 1977 kommt aufgrund ihrer Annahmen für die Regionen mit großen Verdichtungsräumen zu dem Ergebnis, daß die Wanderungsgewinne an jugendlichen Erwerbspersonen, die in ländlichen Räumen keine Arbeitsplätze finden, die Abwanderung des ausländischen Bevölkerungsteils und die hohen Geburtendefizite nicht kompensieren werden; demgemäß zeichnen sich auch für die Regionen mit hohem Verdichtungsanteil ohne Ausnahme Bevölkerungsverluste ab.

Während die BROP-Prognose von 1975 für die meisten großen Verdichtungsräume noch einen erheblichen Zuwanderungsdruck konstatierte, wird er nach der revidierten Prognose nicht mehr eintreten. Die im Bundesraumordnungsprogramm formulierten *Wachstumsrestriktionen* — keine weiteren Zunahmen der Bevölkerungs- und Arbeitsplatzzahlen in belasteten Verdichtungsräumen — sind somit *obsolet* geworden. Diese Restriktionen sind auch im Hinblick auf die *Entzugseffekte* auf das Entwicklungspotential ländlicher Räume formuliert worden. Nunmehr ist mit noch stärkeren Abnahmen der Arbeitsplatz- und Bevölkerungszahlen in ländlichen Räumen zu rechnen. Wenn sich aber die Entwicklungsaussichten ländlicher Räume so verschlechtert haben, dann kann dies nicht ohne Auswirkungen auf die bisher verfolgte Strategie eines großräumigen Ausgleichs bleiben. Die sich auf alle Teilräume erstreckenden Bemühungen um eine dezentrale Konzentration in der Siedlungsstruktur — insbesondere der angestrebte Ausbau eines flächendeckenden Systems Zentraler Orte und Achsen — müssen heute offenbar weniger realistisch denn je erscheinen. Gründe sind: eine weiter verminderte Tragfähigkeit der dünn besiedelten Gebiete, verringerte öffentliche Finanzierungsspielräume und schwindende Aussichten auf Industrieansiedlungserfolge. Die bisher unter einer wachstumsorientierten Planung selbstverständlich erscheinenden Bestandsgarantien und Wachstumsaussichten hinsichtlich Größe und Bedeutung von Verdichtungsräumen und Zentralen Orten sind in Zweifel geraten.

Allerdings fehlen gesicherte Erkenntnisse, um andererseits *Beharrungstendenzen* innerhalb der Siedlungsstruktur unter den veränderten Rahmenbedingungen abschätzen zu können. So wie sich bisher städtisches und zentralörtliches Wachstum meistens nicht kontinuierlich, sondern in Sprüngen und Entwicklungsschüben vollzogen hat, werden Abnahmen vermutlich stufenweise eintreten. Es ist daher an der Zeit, gerade für die mittleren und kleinen Zentralen Orte die tatsächlichen Mindestschwellen ihrer Einzugsbereiche zu ermitteln, bei deren Unterschreitung die zugeordneten zentralörtlichen Funktionen nicht mehr aufrecht erhalten werden können. Unter Wachstumsbedingungen konnte man sich offenbar damit begnügen, starre Schwellenwerte für die hierarchisch abgestuften zentralörtlichen Verflechtungsbereiche hinsichtlich infrastruktureller Ausstattung, Einwohnerzahl und Erreichbarkeiten festzulegen. Eine flexiblere Handhabung der Grenzwerte, gestützt auf kritische Analysen, könnte manchem kleinen Mittelzentrum dieses Prädikat erhalten, auch wenn die Bevölkerungszahl im Verflechtungsbereich um mehr als 10 % abnehmen würde.

---

[2] Siehe R. THOSS: Planung unter veränderten Verhältnissen — ökonomische Aspekte —. In: Planung unter veränderten Verhältnissen, Forschungs- und Sitzungsberichte der Akademie für Raumforschung und Landesplanung, Bd. 108, Hannover 1976, S. 26.

Die generalisierenden Prognoseaussagen lassen kaum Schlußfolgerungen auf die Entwicklungsaussichten einzelner Industriestandorte und Zentraler Orte zu. Wie wir wissen, können innerhalb eines schrumpfenden Industriezweigs einzelne Betriebe je nach Standort, Technologie, Unternehmensführung, Exportabhängigkeit usw. steigende Arbeitsplatzzahlen verzeichnen. Nicht alle ländlichen Räume sind gleichermaßen von Entleerungstendenzen bedroht. Zentrale Orte gleicher Stufe können sehr unterschiedliche Entwicklungsverläufe verzeichnen. Und nicht alle Verdichtungsräume müssen dem gleichen Wachstumsdruck — oder jetzt besser einer Stagnation — unterliegen. Auch die regionsspezifischen Besonderheiten der Entwicklung dürften nicht hinreichend erfaßbar sein. Obwohl sich dies alles nicht abschätzen läßt, soll bei den weiteren konzeptionellen Überlegungen wenigstens versucht werden, differenziertere Teilkategorien zugrunde zu legen als die üblichen Großkategorien Verdichtungsräume, ländliche Räume, Oberzentren usw.

Aus der Trendwende sind in erster Linie Konsequenzen für Verdichtungsräume bzw. Oberzentren und periphere ländliche Räume ableitbar, die auf eine *Verschärfung des Verteilungskampfes* zwischen diesen beiden Kategorien um das knappe Entwicklungspotential hinauslaufen. Hierzu sind offenbar *zwei unterschiedliche konzeptionelle Betrachtungsweisen* möglich, wie sie etwa in den Empfehlungen des Beirats für Raumordnung[3]) skizziert sind. Für die peripheren ländlichen Gebiete würden sie tendenziell folgendes bedeuten:

a) Ausprägung der für Agglomerationsförderung ungeeigneten ländlichen Gebiete als Vorranggebiete für Land- und Forstwirtschaft, Wassergewinnung, Erholung und Freizeit sowie ökologischen Ausgleich, oder aber

b) Maßstabsvergrößerung in regionalem Zuschnitt, Reduzierung der Zahl und damit mögliche Vergrößerung der Zentren, flächendeckende zentralörtliche Bereiche, ausgeglichene Funktionsräume, Entwicklungszentren.

Im ersteren Fall liefe dies auf eine *großräumige funktionsräumliche Arbeitsteilung* im Bundesgebiet hinaus, die im Prinzip erst flächendeckend wird, wenn alle überregional bedeutsamen Standortaufgaben und räumlichen Funktionen aufeinandergelegt werden. Im Ergebnis könnten sich aber aus heutiger planerischer Sicht auch ausgesprochene „Leerräume" ergeben.

Im zweiten Fall, bei dem der konzeptionelle Ansatz mehr auf die *Mindestversorgung der Bevölkerung* mit Erwerbsmöglichkeiten und Infrastruktur sowie ein Mindestniveau der Umweltbedingungen in vergleichbaren Regionen abstellt und weniger auf Funktionen von Standorten und Flächen, würde für jede Region ein bundesdurchschnittlicher Mindeststandard der räumlich-strukturellen Lebensbedingungen angestrebt. Hierbei blieben planerisch die reichen, d. h. weit oberhalb der generell regionalen Mindeststandards liegenden Regionen außer Ansatz sowie die Frage der für sie geltenden Wachstumsrestriktionen, um in den ärmeren Regionen die Einhaltung der gleichen Mindeststandards garantieren zu können. Im anderen Fall a) wären eben diese verstädterten „reichen" Regionen mit ihren dichten Funktionsüberlagerungen Hauptgegenstand der Raumordnungspolitik. Diskrepanzen zwischen den beiden konzeptionellen Betrachtungsweisen zeichnen sich für die peripheren ländlichen Räume ab: Wie kann die Ausweisung von großräumigen Vorrangfunktionen mit ihren negativen Konsequenzen für

---

[3]) Vgl. die beiden Empfehlungen „Die Gültigkeit der Ziele des Raumordnungsgesetzes und des Bundesraumordnungsprogramms unter sich ändernden Entwicklungsbedingungen" und „Gesellschaftliche Indikatoren für die Raumordnung". In: Beirat für Raumordnung, Empfehlungen vom 16. Juni 1976, Hrsg. Der Bundesminister für Raumordnung, Bauwesen und Städtebau 1976, S. 7 ff. und 27 ff.

den Bestand und weiteren Ausbau der Siedlungsstruktur mit den für die dort verbleibende Restbevölkerung zu garantierenden regionalen Mindeststandards vereinbart werden?[4])

III. Schwächen der Raumordnungsprognosen: Tertiärer Sektor und Verhaltensweisen

Das Dilemma der Raumordnungsprognosen, über die Trendwende hinaus keine alternativen Handlungsstrategien aufzeigen zu können, ist in ihrem immer noch grundlegenden Ansatz begründet, die *Standortverteilung im Dienstleistungssektor* im wesentlichen aus derjenigen der Landwirtschaft und Industrie abzuleiten. Bei wachsendem Übergewicht der Beschäftigung im tertiären Sektor von deutlich mehr als 50 % dürfte dieser Ansatz in Zukunft immer weniger tragfähig sein. Es ist angesichts zunehmender Agglomerationsnachteile und Umweltauflagen zu fragen, wie eine sich angeblich zwangsläufig verstärkende Konzentration innerhalb der Siedlungsstruktur auch weiterhin in erster Linie aus ökonomischen Agglomerationsvorteilen erklärt werden kann, obgleich diese nicht immer zwingend sind. Dies gilt insbesondere für den hohen und steigenden Anteil öffentlich bestimmter oder beeinflußter Standortentscheidungen im Dienstleistungsbereich. Außerdem darf nicht übersehen werden, daß ein Teil dieser für Dezentralisierungsbemühungen geeigneten Standortentscheidungen nicht Folgebereichscharakter hat, sondern beträchtliche primäre Arbeitsplatz- und Einkommenseffekte auslöst. *Es fehlt eine Standorttheorie für den Dienstleistungssektor* mit entsprechenden entwicklungspolitischen Ansätzen. Sie müßte die herrschende, auf dem Exportbasis- und damit Industrialisierungskonzept beruhende Regionalpolitik mindestens ergänzen, wenn nicht größtenteils ablösen. Das Einrücken des tertiären Sektors in eine zentrale Position der regionalisierten Prognosen hätte den doppelten Vorteil, die Prognosen auf eine wirklichkeitsnahe Grundlage zu stellen und einen direkten Zugang zu den Entwicklungsaussichten einzelner Elemente der Siedlungsstruktur zu gewinnen.

Es ist hier nicht der Ort, eine Kritik an den Prognosemethoden im einzelnen zu vertiefen[5]). Ein Aspekt interessiert auch im Zusammenhang mit unserem Thema: die Klischees für die *Verhaltensweisen* der beteiligten Akteure. So muß es zweifelhaft erscheinen,

— ob Unternehmer der standortunabhängigen Industriebranchen durch einen hohen Erwerbsfaktor, d. h. Erwerbstätigenpotential zu Betriebsverlagerungen, Zweigwerks- oder Neugründungen in peripheren ländlichen Räumen veranlaßt werden.

---

[4]) Als konsequente Lösung dieses Problems werden unter Aufgabe des Ziels gleichwertiger Lebensbedingungen für periphere ländliche Räume gegenüber dem übrigen Bundesgebiet abgestufte niedrigere regionale Mindeststandards vorgeschlagen, so in: Wirtschaftlicher und sozialer Wandel in der Bundesrepublik Deutschland, Gutachten der Kommission für wirtschaftlichen und sozialen Wandel, Göttingen 1977, S. 316 ff.

[5]) So wirft auch die revidierte Raumordnungsprognose 1990 eine Reihe von Zweifelsfragen bezüglich ihrer Prämissen, Verfahren und Ergebnisse auf. Vgl. C. FLORE: Zur Regionalisierung der Arbeitsplätze in der Raumordnungsprognose 1990. In: Neue Prognosen für die Raumordnung, Informationen zur Raumentwicklung, 1977, Heft 1/2, S. 69 ff; R. KOCH: Raumordnungspolitische Strategien und die Parameter der Raumordnungsprognose 1990; ebenda, S. 103 ff.

— Der Übergang von Arbeitskräften aus der Landwirtschaft in andere Beschäftigungen entsprechend dem landwirtschaftlichen Produktivitätsanstieg wird sicherlich nicht so rasch fortschreiten wie prognostiziert, wenn weit und breit strukturelle Arbeitslosigkeit herrscht.

— Den regionalen Unterschieden in der Wohnortgunst, in der mit maßgebender Bedeutung für die Wohnortwahl der Arbeitnehmer die Komponenten Wohn-, Freizeit-, Infrastruktur- und Umweltqualität zusammengefaßt sind, wird mit steigendem Wohlstands- und Freizeitniveau zunehmendes Gewicht beigemessen. Eine hohe Wohnortgunst soll sogar partiell ein geringes Einkommensniveau ausgleichen können. Dies dürfte wohl allenfalls auf die Wohnort- und Arbeitsplatzwahl besonders qualifizierter Arbeitnehmer zwischen Verdichtungsräumen zutreffen, während für die Land-Stadt-Wanderung das Arbeitsplatzangebot größere Bedeutung haben dürfte.

— Geringere Arbeitsplatzdefizite als in der Prognose könnten sich durch Änderungen im Erwerbsverhalten, d. h. sinkende Erwerbsquoten ergeben. Auch sind die unter Zielaspekten in der Prognose für 1990 in allen Regionen mit 2 % gleich angesetzten Arbeitslosenquoten recht unwahrscheinlich, vielmehr können sie bei anhaltender struktureller Arbeitslosigkeit vermutlich im Gesamtdurchschnitt höher sein und in peripheren ländlichen Räumen überdurchschnittliche Werte aufweisen, weil sich aufgrund des Wanderungsverhaltens bzw. der Wanderungshemmnisse wie bisher schon kein interregionaler Ausgleich der Arbeitslosenquoten ergeben muß.

In Systemprognosen ist durch Änderung der Prämissen und der Gewichte für die regionalen Struktur-, Erwerbs- und Wohnortfaktoren eine Berücksichtigung veränderter Verhaltensweisen immerhin möglich, nicht jedoch in siedlungsstrukturellen Konzeptionen wie dem Zentrale-Orte-System.

IV. Diskrepanz zwischen Siedlungsstruktur und gewandelten Verhaltensweisen

Die heute *etablierte Leitbildvorstellung* einer durch das *Zentrale-Orte-System* und ein entsprechendes Achsennetz optimal und flächendeckend organisierten Siedlungsstruktur stellt demgegenüber ganz bestimmte, über Jahrzehnte hinweg konstante Anforderungen an die tatsächliche Struktur der Landschaft und die Verhaltensweisen ihrer Bewohner. Schon bei der Transformation dieses Systems in eine normative Kategorie galt es nicht für hochindustrialisierte Räume und Stadtlandschaften, und bis heute ließ es sich in peripheren ländlichen Räumen nicht verwirklichen[6]. Es ist daher zweifelhaft, ob unter künftig ungleich ungünstigeren Bedingungen die in ländlichen Räumen „fehlenden" funktionsfähigen Ober- und Mittelzentren noch ausgebaut werden können. Auch die vom Bundesraumordnungsprogramm angebotene Ersatzlösung der *Entwicklungszentren*[7] bedarf wahrscheinlich einer Neuinterpretation ihrer Funktion. Anstatt in peripheren ländlichen Räumen Entwicklungsimpulse auszulösen, könnten sie bei abnehmender Bevölkerungszahl und verschlechterten wirtschaftlichen Bedingungen nur noch als *Auffangstationen* für eine abwanderungswillige Bevölkerung dienen, um die Entleerung und

---

[6] Siehe vom Verfasser: Die Theorie der zentralen Orte — Aussage und Anwendung heute —. In: Raumforschung und Raumordnung 24. Jg. (1966), Heft 6, S. 259 ff.

[7] Vgl. BROP 1975, a. a. O., S. 4, 46 ff.

Absiedlung größerer ländlicher Räume zu verhindern und reduzierte Streckennetze aufrecht zu erhalten. Dies wäre allerdings lediglich eine Systemanpassung durch Maßstabsvergrößerung und kleinräumige passive Sanierung an die veränderten Rahmenbedingungen.

Es bleibt aber zweifelhaft, ob sich großstädtische Agglomerationskerne mit einem ausreichenden Maß an attraktiver Urbanität noch verwirklichen lassen und die nachteiligen Entzugseffekte für die übrigen Kleinstädte und Ortschaften in der Region mehr als ausgeglichen werden[8]).

Stellt man die tragenden Prinzipien der zentralörtlichen Ordnungsvorstellung — insbesondere die *unbedingte Standortkonzentration* bei der *Infrastruktur* — zur Diskussion, so kommt es ganz wesentlich auf die *Verhaltensweisen* und die *Mobilität der Bevölkerung* an. Sie haben sich gegenüber den systemanalytischen Annahmen einer minimalen räumlichen Beweglichkeit und Kommunikation der Bevölkerung erheblich verändert. So werden aufgrund einer auch in ländlichen Gebieten relativ gut ausgebauten Verkehrsinfrastruktur Wahlmöglichkeiten zwischen verschiedenen Standorten des Infrastruktur- und Arbeitsplatzangebots wahrgenommen. In *Stadtlandschaften* spezialisieren sich Städte auf bestimmte Funktionen. Dies vollzieht sich nicht nur innerhalb gleicher Entfernungen, es werden häufig nächstliegende Standorte übergangen. Es kann jedenfalls nicht mehr von einem durchgängig „systemkonformen" Verhalten ausgegangen werden, demzufolge sich die Wohnbevölkerung ausschließlich an dem einen nächstgelegenen Zentralen Ort bzw. dem jeweils nächsten auf höherer Stufe orientiert.

Dieses vom System der Zentralen Orte divergierende Verhalten der Wohnbevölkerung wird zu einem erheblichen Teil durch verbesserte Verkehrs- und Kommunikationsmöglichkeiten gefördert und von der tatsächlichen Raumstruktur selbst hervorgerufen. So lehnt sich die räumliche Verteilung der Industriestandorte an die Hierarchie der Siedlungsschwerpunkte zwar an, ist mit ihr aber nicht immer kongruent. Die Einrichtungen der Infrastruktur sind nicht immer zwingend auf zentralörtliche Standorte angewiesen. An das Beispiel städtebaulich nicht integrierbarer Verbrauchermärkte sei hier erinnert.

Im mittel- und unterzentralen Bereich hat die Mehrzahl der *Kleinstädte in ländlichen Räumen* offenbar zentralörtliche Funktionsverluste hinnehmen müssen, wozu vor allem der Abzug öffentlicher Einrichtungen und Verwaltungen beigetragen haben dürfte, während ein kleinerer Teil dieser Kleinstädte in seiner zentralörtlichen Bedeutung aufgestockt wurde, nicht zuletzt durch Ausweisungen durch die Landesplanung. Gegenläufige Bewegungen wie das Vordringen bisher höherrangiger zentralörtlicher Funktionen in kleinere Orte konnten diesen Trend offensichtlich nicht aufhalten.

In diesem Zusammenhang ist auch ein Hinweis auf das *Dorf* angebracht. Diese Siedlungsform bildete ja die Grundlage der erklärenden Zentrale-Orte-Theorie, die für eine vorindustrielle Gesellschaft entwickelt wurde. Heute konstatieren wir bei der Mehrzahl der Dörfer in den peripheren ländlichen Räumen einen weitgehenden Funktionsverlust: Viele Dörfer haben nicht nur im Zuge der kommunalen Gebietsreform als Ortsteile ihre politische Identität verloren, sondern damit auch eine eigenständige örtliche Verwaltung. Oft ist nicht nur die Haupt-, sondern auch die Grundschule abgezogen worden. Soziale Dienste sind im nächsten Zentralen Ort konzentriert. Selbst die traditionel-

---

[8]) Vgl. auch E. v. BÖVENTER: Raumordnungspolitik unter veränderten wirtschaftspolitischen Bedingungen in der Bundesrepublik Deutschland. In: Standort und Stellenwert der Raumordnung, Forschungs- und Sitzungsberichte der Akademie für Raumforschung und Landesplanung, Bd. 119, Hannover 1977, S. 21 f.

len Einkaufsmöglichkeiten gehen dem Dorf allmählich verloren. Für eine steigende Zahl der Einwohner hat das Dorf nur mehr Wohnfunktion.

Unter diesen Aspekten haben wir nicht nur die beträchtlichen Pendlerverflechtungen zwischen Wohn- und Arbeitsstätten zu sehen, sondern auch die *Pendlerströme* zum Zwecke der Aus- und Weiterbildung, des Einkaufens, der passiven und aktiven Beteiligung am kulturellen Leben, der Freizeitgestaltung usw. Hinzu kommt eine hohe Mobilität, definiert als Wohnortwechsel, die die *Wanderungsströme* strukturiert, z. B. als Stand-Rand-Wanderung oder Altenwanderung. Die Wanderungsmotive können vielfältig sein, wir unterscheiden ausbildungs- und bildungsbedingte Wanderungen, weiterhin berufs-, familien- und altersbedingte Wanderungen, wobei nicht immer deutlich ist, welche Motive den Ausschlag gegeben haben. Sie bringen in jedem Falle eine hohe Mobilitätsbereitschaft der Bevölkerung zur Wahrnehmung regionaler und überregionaler Standortwahlchancen zum Ausdruck. Die Wohnstandorte selbst sind zu einem Teil durch Zweit- und Ferienwohnungen aufgespalten.

Eine entscheidende Komponente scheinen demgemäß die zukünftige *Größe der Verflechtungsbereiche* bzw. die *zumutbaren Erreichbarkeiten* zu sein. Bei einem mittelzentralen Einzugsbereich (30-Minuten-Isochrone des Individualverkehrs) würden schon etwa 200 Zentren ausreichen, um das Bundesgebiet flächendeckend mit zentralen Orten mittlerer Stufe zu versorgen. Darüber hinaus könnte man die These vertreten, eine über das Bundesgebiet annähernd gleichmäßig verteilte Kategorie „hochwertiger Zentren", in der die Oberzentren, die landesplanerisch bereits als „mögliche Oberzentren" eingestuften Zentren und eine Reihe weiterer potentieller Aufsteiger unter den Mittelzentren zusammengefaßt sind, müßte in Anbetracht der zentralörtlichen Dynamik für die Zukunft ausreichen. Dieses räumliche Entwicklungskonzept würde sich bei entsprechend größeren Einzugsbereichen (60 Minuten Fahrtzeit) auf etwa 80 Zentren stützen können, von denen aber die Hälfte ausbaubedürftig im Sinne von Entwicklungszentren des Bundesraumordnungsprogrammes sein dürften. Es sei auch unterstellt, daß es sich in den hierfür hauptsächlich angesprochenen peripheren und dünnbesiedelten ländlichen Räumen nicht mehr um den Ausbau größerer Städte zu Lasten der vorhandenen Siedlungsstruktur handeln soll oder kann, sondern um eine Standortkonzentration zusätzlicher hochrangiger Funktionen (wie z. B. Behördenstandorte und Hochschuleinrichtungen, private Managementfunktionen, Anbindung an das IC- und BAB-Netz) für einen vergleichsweise großen Einzugsbereich zum Ausgleich entsprechender Defizite. Dies soll einem weiteren allgemeinen Zentralitätsverlust in diesen Räumen entgegenwirken, allerdings um den Preis, daß die bevorzugte Förderung solcher Entwicklungszentren zu einer noch rascheren Abwertung der übrigen Mittelzentren und kleineren Zentren beitragen würde. Bei den Entwicklungszentren in ländlichen Regionen, auf die es ja ankommt, zeigen indikatorgestützte Testrechnungen, daß im Prinzip die entwicklungsbedürftigsten Zentren gleichzeitig die geringste Entwicklungsfähigkeit aufweisen und demgemäß ihr Ausbau vom Gelingen einer massiven Förderung abhängt[9]).

Unabänderlich erscheint bei dieser Strategie der *Zentralitätsverlust für die kleineren Zentren*, ob sie nun gelingt oder sich mangels finanzieller und sonstiger Voraussetzungen als nicht durchsetzbar erweist. Die Konsequenz wäre in beiden Fällen das Herausfallen der kleineren Zentren aus den planerischen Bemühungen und die Hinnahme eines siedlungsstrukturellen Rückzugs aus der Fläche, wobei nicht einmal mehr die Frage eines „geordneten" Rückzugs eine Rolle spielen würde. Die unsicheren Realisierungschancen

---

[9]) Vgl. K. GANSER: Zentrale Orte und Entwicklungszentren. In: Beiträge zur Zentralitätsforschung, Münchener Geographische Hefte Nr. 39, Kallmünz-Regensburg 1977, S. 105 ff.

für das Entwicklungszentrenkonzept sollten es aber verbieten, auf das immerhin vorhandene zentralörtliche Potential, das die Vielzahl kleinerer Zentren in ländlichen Räumen darstellt, von vornherein als realen Entwicklungsansatz verzichten zu wollen[10]). Dies gilt um so mehr, wenn sich eine Siedlungsstruktur ohne strikte Hierarchisierung und Aufhängung an dominierenden hochrangigen Zentren ebenfalls als zielkonform nachweisen läßt[11]) und herkömmliche Vorstellungen über die optimale räumliche Organisation der Infrastruktur durch andere, ebenfalls effiziente Organisationsformen ersetzbar erscheinen.

V. Teilzentrenverbund und Umorganisation der Infrastruktur

Die Summe der subjektiv optimierten Erreichbarkeiten führt aufgrund veränderter Verhaltensweisen und Mobilitätsbereitschaft nicht zwingend zu einem Zentrale-Orte-Muster in der Siedlungsstruktur. Weitergehende Konsequenzen ergeben sich, wenn demzufolge das Prinzip der strikten zentralörtlichen Standortkonzentration für die Infrastruktur nicht mehr aufrechterhalten wird. Dieser Gedanke liegt nahe, weil im Verflechtungsbereich eines Zentralen Ortes die Einzugsbereiche verschiedenster Versorgungseinrichtungen schematisch vereinheitlicht sind, obwohl sie erheblich differieren. Berücksichtigt man die in der Realität meist vorliegende ungleichmäßige Bevölkerungsverteilung im Verflechtungsbereich, die unterschiedlichen Nutzungshäufigkeiten und zeitlichen Kombinationsmöglichkeiten der Nutzung einzelner Einrichtungen, Unterschiede in der Verkehrserschließung sowie die jeweiligen topographischen Gegebenheiten, so ist der Zentrale Ort nicht der Optimalpunkt aller Erreichbarkeiten.

Weiterhin ist zu fragen, ob gerade in den peripheren ländlichen Räumen ohne voll funktionsfähige Ober- und Mittelzentren die Infrastruktur nur von zentralen Punkten aus angeboten werden kann. Statt ihres Ausbaus zu Lasten benachbarter kleinerer Zentren könnte unter

— Ausnutzung vorhandener zentralörtlicher Potentiale,
— Ausprägung der räumlichen Arbeitsteilung zwischen Standorten und
— Vermeidung eines Rückzugs aus der Fläche

ein räumlicher Verbund der Zentren angestrebt werden. Die *Strategie eines räumlichen Teilzentrenverbunds* bietet sich vor allem für mehrere benachbarte kleinere Zentren an. Die Mindesteinzugsbereiche für die einzelnen Infrastruktureinrichtungen müssen sich hierfür nicht als unüberwindliche Barrieren erweisen, denn durch den Teilzentrenverbund können die Einzugsbereiche vergrößert werden und außerdem werden längerfristig auch die optimalen Betriebsgrößen in der Infrastruktur vom technologischen Fortschritt beeinflußt. Es kommt nur darauf an, kleinere effiziente Betriebsgrößen anzustreben und zu fördern. Einen weiterführenden Beitrag zum Teilzentrenverbund kann eine anders-

---

[10]) Gemeint sind hier nicht nur kleinere Mittelzentren sowie Unter- und Kleinzentren, sondern auch Orte mit zentralörtlichen Funktionen, die zur konkurrierenden Auswahl für die landes- bzw. regionalplanerische Auswahl in Betracht gekommen sind.

[11]) Siehe hierzu den konzeptionellen Vorschlag von W. MOEWES: Von einer „Raum-Verhalten-Theorie" zum „Stadt-Land-Verbund". In: Landschaft und Stadt, 9. Jg. (1977), Heft 1, S. 12 ff.

artige räumliche Organisation der Infrastruktur leisten, bei der sie räumlich und zeitlich nicht mehr auf einen Standort in einem Teilzentrum fixiert ist.

Für eine *andere räumliche Organisation der Infrastruktur* gibt es bereits Beispiele und weiterführende Überlegungen[12]). Dazu gehören *Mehrfachnutzungen* und die *Mehrzwecknutzung* von Infrastruktureinrichtungen. Der Standort sollte für die Mehrzwecknutzung zentral gelegen sein, also dort, wo sich die verschiedenen Nutzungsbereiche räumlich überlagern; das muß aber nicht im Zentralen Ort sein. Eine weitere Möglichkeit ist die zeitlich gestaffelte Mehrzwecknutzung, weil häufig schon absehbar ist, wann z. B. ein jetzt erforderlicher Schulbau für welche anderen Nutzungen in Betracht kommt. Generell ist zu erwägen, ob über bisher vereinzelte Beispiele hinaus *mobile Infrastrukturangebote* eingeführt werden können, und zwar sowohl im Bereich der materiellen als auch der personellen Infrastruktur[13]).

Eine auf nicht-zentralörtliche, wohl aber *dispers konzentrierte Infrastrukturangebote* spezifisch ausgerichtete Verkehrsinfrastruktur müßte allerdings ergänzend hinzukommen. In den Teilzentrenverbund können weiterhin *dezentrale gewerbliche Standortkonzentrationen* integriert werden, wenn hierfür ein spezifischer Verkehrs-, Kommunikations- und Kooperationsverbund eingerichtet wird[14]).

Aufgrund dieser siedlungsstrukturellen Umstrukturierungen werden sich Umschichtungen in den Erreichbarkeiten ergeben, möglicherweise müßten insgesamt größere Entfernungen als zumutbar angesehen werden. Bei einem Ausschöpfen aller dieser Möglichkeiten stellt sich jedenfalls nicht die voreilige Alternative zwischen vollständigem zentralörtlichen Ausbau der Siedlungsstruktur oder einem konsequenten Absiedeln.

Die Möglichkeiten disperser Infrastrukturangebote bieten sich vor allem in peripheren ländlichen Räumen an, in denen funktionsfähige Ober- und Mittelzentren fehlen bzw. nicht ausgebaut werden können. Daneben gibt es Übergangsformen im ländlichen Raum, bei denen das zentralörtliche Gliederungsprinzip partiell erhalten bleibt oder

---

[12]) Vgl. z. B. F. RIEMANN: Konsequenzen für den ländlichen Raum aus der rückläufigen Bevölkerungszahl. In: Raumforschung und Raumordnung, 33. Jg. (1975), Heft 4, S. 163 ff.; D. STORBECK: Chancen für den ländlichen Raum. In: Raumforschung und Raumordnung, 34. Jg. (1976), Heft 6, S. 269 ff.; G. STIENS: Vorausgesagte Entwicklungen und neue Strategien für den ländlichen Raum. In: Neue Prognosen für die Raumordnung, a. a. O., S. 139 ff.

[13]) Die Beispiele, die hier nicht erschöpfend aufgezählt werden können, reichen von der Mehrzweckhalle über eine „rollende Versorgung" durch Sparkassen-, Post-, Bücherei- und medizinischen Vorsorge-Bus über Mehrzweckpraxen, die von Spezialärzten im rollierenden Verfahren tageweise besetzt sind, bis zu mobilen Lehrern für Spezialfächer, die an mehreren weiterführenden Schulen an verschiedenen Standorten tageweise unterrichten.

[14]) Für die vordringliche Arbeitsplatzsicherung in ländlichen Räumen wird es vor allem auf eine Umorientierung der Innovationsförderung, die bisher Großtechnologien in Großunternehmen in Verdichtungsräumen begünstigte, zugunsten mittlerer und kleiner Technologien für mittlere und kleine Unternehmen auch in ländlichen Räumen ankommen, wobei besondere Kooperationsformen für diese Unternehmen für die Bereiche Forschung und Technologie einzuführen sind; vgl. Gutachten der Kommission für wirtschaftlichen und sozialen Wandel, a. a. O., Kapitel V, S. 241 ff.; U. NIEDERWEMMER: Plädoyer für ein regionalisiertes Konzept der Innovationsförderung. In: Wirtschaftsdienst, 1977, Heft VII, S. 350 ff.; G. STIENS, a. a. O., S. 146 ff. Solche Verbundsysteme eröffnen auch die Möglichkeit, den von KLEMMER aufgrund formaler Kontaktmöglichkeiten zwischen Betrieben verschiedener Branchen berechneten Mindesteinzugsbereich von 90 000 Einwohnern für funktionsfähige Arbeitsmärkte deutlich zu unterschreiten, vgl. P. KLEMMER: Auswirkungen des Geburtenrückgangs auf die Entwicklung des Arbeitsmarktes im ländlichen Raum. In: Geburtenrückgang — Konsequenzen für den ländlichen Raum, Schriftenreihe für ländliche Sozialfragen, Heft 73, Hannover 1975, S. 73 ff.

modifiziert ist. Diesem Typus des Zentralen Ortes entsprechen etwa Doppel- oder Mehrfachorte, die gemeinsam ein Ober- oder ein Mittelzentrum bilden, oder das Mittelzentrum mit Teilfunktionen eines Oberzentrums, wie sie von der Landesplanung in Einzelfällen bereits ausgewiesen werden. Diese zentralörtlichen Organisationsformen könnten breitere Anwendung finden. Sowohl im Falle disperser Infrastrukturstandorte als auch des räumlichen Verbunds von Teilzentren müßte das eindeutige, hierarchisch gestufte Gliederungsprinzip einer zentralörtlichen Siedlungsstruktur ganz oder teilweise aufgegeben werden. Gewonnen würde eine in vielfältigen Teilfunktionen verflochtene Struktur. Besondere Bedeutung kommt hierbei den Achsen zu, die so ausgebildet werden müßten, daß sie den räumlichen Verbund von Teilzentren besonders unterstützen oder disperse Angebotspunkte der Infrastruktur in einem besonderen Kommunikationsverbund organisieren.

Diese Teilkonzepte sind planerisch anspruchsvoller als ein Zentrale-Orte-System. Sie vermitteln dafür aber ein realitätsnäheres Abbild der tatsächlichen und zukünftig bestandsfähigen Siedlungsstruktur. Eine Konsequenz wäre, den bisher aufgebauten Erwartungshorizont auf ein vertretbares Maß zu reduzieren, ohne gleich das Ziel der gleichwertigen Lebensbedingungen in diesen Räumen in Frage zu stellen.

VI. Begrenzter großräumiger Ausgleich ohne Aufgabe der peripheren ländlichen Räume

Ein besonderes Problem ergibt sich offenbar für periphere, sehr dünn besiedelte Gebiete, wenn künftig eine *Ausprägung von räumlichen Vorrangfunktionen* zum Zuge kommen soll. Da solchen Gebieten auf Dauer meistens keine besonderen Eignungen für die Land- und Forstwirtschaft, Industrieansiedlung oder als Erholungsgebiete zugebilligt werden, sollen sie nur noch als ökologische Ausgleichsräume fortgeführt werden können. Diese Vorrangfunktion kommt wohl nur in der Nähe von Verdichtungsräumen in Betracht; anderenfalls spricht man von Reservegebieten, Aufforstungsgebieten, Verödungsgebieten[15]). Für das zu erwartende räumliche Ausmaß solcher Vorranggebiete gibt es bisher keine Anhaltspunkte. Solange sie nur innerregionale Bedeutung erlangen, dürften sich auch die Versorgungsprobleme für die verbleibende restliche Bevölkerung in Grenzen halten. Anders sähe die Lage schon aus, wenn Landstriche in Naturschutzgebiete oder dergleichen umgewidmet werden sollten. Das Ziel der Gleichwertigkeit der Lebensbedingungen, garantiert durch die Einhaltung regionaler Mindeststandards, sollte gerade in diesen Räumen nicht von einem voll funktionsfähigen Zentrale-Orte-System abhängig gemacht werden, weil es auch durch die vorgeschlagenen Alternativen gewährleistet werden kann.

Der Klassifikation ist zuzustimmen, daß es sich um „nicht zur Verdichtung geeignete Räume" handelt, nicht aber der Konsequenz einer letztlich doch großräumigen passiven

---

[15]) Vgl. Gutachten der Kommission für wirtschaftlichen und sozialen Wandel, a. a. O., S. 329 ff.

Sanierung mit Abwanderungsprämien und finanziellen Ausgleichsleistungen für die verbleibende restliche Bevölkerung[16]).

Die bisher angestrebte *großräumig dezentrale Konzentration* in der Siedlungsstruktur sollte in erster Linie die peripheren ländlichen Räume begünstigen. Demzufolge sollten hier Orte schwerpunktmäßig so ausgebaut werden, daß sie quasi oberzentrale Funktionen ausüben und bedeutende Industriestandorte bilden können. Die *Entwicklungszentren* nach dem Bundesraumordnungsprogramm sollen im Sinne von Wachstumspolen für größere Teilräume ohne ein ausreichendes Maß an räumlicher Schwerpunktbildung, d. h. in erster Linie für die Gebietseinheiten mit besonderen Strukturschwächen nachhaltige Entwicklungsimpulse auslösen. Mit diesem direkten Ansatz sollen die großräumigen Disparitäten in den Lebensbedingungen am wirksamsten abgebaut werden. Indem solche Agglomerationskerne geschaffen oder gefördert werden, sollen sie ein Gegengewicht zu den großen Verdichtungsräumen bilden und deren Sogwirkung abschwächen. Ähnlich wie bei der regionalen Wirtschaftsförderung herrscht hierbei ein Notstandsgebietsdenken vor, nämlich ausschließlich solche Gebiete besonders fördern zu wollen, die die größten Strukturschwächen aufweisen. Die *Förderungsbedürftigkeit* hat Vorrang vor der *Förderungswürdigkeit*, weil sich die entsprechende Mittelvergabe offenbar politisch leichter legitimieren läßt. Unter dem Aspekt der Effizienz stellt die vorrangig an der Förderungsbedürftigkeit orientierte Ausgleichspolitik den schwierigeren Weg dar. Raumordnung und Landesplanung müssen hierzu Maßnahmen der Fachplanungen mobilisieren. Auftrag und Bereitschaft zu einer entsprechenden Koordinierung der Fachplanungen reichen aber nicht aus, wenn keine der Fachplanungen das hohe Risiko eines Entwicklungsbeitrages als Schrittmacher eingehen will. Das Risiko nimmt unter den veränderten Rahmenbedingungen noch zu.

Aussichtsreicher wäre es wahrscheinlich, wenn die Dezentralisierungsbestrebungen unter dem Vorrang der Förderungswürdigkeit bei schon entwickelten oder im Ansatz vorhandenen *Agglomerationskernen* ansetzte. In Betracht kommen hierfür insbesondere jene kleinen Verdichtungsräume und Oberzentren, die durch ihre relative Nähe zu großen Verdichtungsräumen und eine günstige Lage auf großräumigen Achsen Vorteile ziehen können, andererseits aber zu einer eigenständigen Entwicklung in einem genügend großen, eigenen Hinterland befähigt sind[17]). Solche Lagevorteile können sowohl in Mitnutzungseffekten an besonders hochqualifizierten wirtschafts- und infrastrukturellen Fühlungsvorteilen der großen Verdichtungsräume bestehen, als auch in Überschwappeffekten, z. B. in Form der Aufnahme von verdrängten Betrieben. Vermutlich bietet diese Strategie die größeren Chancen einer räumlichen Dekonzentration. Die günstige breite Streuung von großen Siedlungsschwerpunkten im Bundesgebiet würde ausgefüllt und weiter ausgedehnt werden. Diese weniger dezentrale Förderung der Verdichtung läßt noch planerische Vorkehrungen zu, einer räumlichen Überlastung entgegenzuwirken und Fehler der Vergangenheit zu vermeiden. Und schließlich sind von dieser Strategie am ehesten Entlastungswirkungen für die großen Verdichtungsräume und Entwicklungsimpulse für große ländliche Einzugsbereiche zu erwarten. Diese Strategie würde eine deutliche Akzentverschiebung gegenüber derjenigen einer möglichst dezentralen Konzen-

---

[16]) Ebenda, S. 334 ff.

[17]) Siehe J. BEUTEL: Konzentrations- und Verstädterungstendenzen in der Bundesrepublik Deutschland. Meisenheim am Glan 1976, S. 190 ff.; sowie die beiden Gutachten für den Bundesminister des Innern von E. v. BÖVENTER u. a.: Entwicklung der sozialen Kosten in Verdichtungsräumen und zurückgebliebenen Gebieten (Manuskript), Heidelberg 1968; Funktionenteilung und optimale Raumstruktur innerhalb der Ballungsräume und innerhalb ländlicher Gebiete (Manuskript), Heidelberg und München 1970.

tration durch Entwicklungszentren[18]) bedeuten, unter den veränderten Rahmenbedingungen wäre sie politisch legitimierbar.

VII. Differenzierung der Oberzentren

Für die Oberzentren ist eine differenzierende Betrachtungsweise angezeigt, die

a) mehrere Kategorien unterscheidet[19]) und

b) Ansätze für unterschiedliche Strategien gemäß ihren realen Entwicklungschancen in Betracht zieht.

Innerhalb der sehr heterogenen Kategorie der Oberzentren würden die vorbezeichneten *Orte mit Eignung als förderungswürdige „Entwicklungszentren"* im Sinne einer begrenzt dezentralen Konzentration als eine besondere Gruppe anzusehen sein. Sie sollten schwerpunktmäßig gefördert werden, um die noch möglich erscheinende Dekonzentration in der Siedlungsstruktur voranzutreiben. Dies wird eine besonders enge Koordination von Stadtentwicklungsplanung und Regionalplanung erfordern. Entscheidender als die Ausfüllung aller erdenklichen oberzentralen Funktionen wird es sein, unter Ausnutzung von Lagegunst und Agglomerationsvorteilen eine Zunahme von qualifizierten Arbeitsplätzen im sekundären und tertiären Sektor zu fördern, soweit Strukturwandel und Branchenwachstum hierfür noch Chancen eröffnen.

Eine weitere Gruppe von Oberzentren gehört dem ländlichen Raum an. Hierzu rechnen insbesondere die nicht voll funktionsfähigen, z. B. als „mögliche" Oberzentren ausgewiesenen Siedlungsschwerpunkte. Die an ihre planerische Qualifikation als Oberzentren geknüpften Anspruchsnormen sind meist überzogen. Zwar wird niemand erwarten, sie könnten eines Tages — bei ausreichender Förderung — metropolitanen Rang erreichen. Tatsächlich handelt es sich hierbei in der Regel um *Regionshauptorte,* und es wäre zweckmäßig und realistisch, sie planerisch als solche, d. h. ohne weitergehende Entwicklungsansprüche einzustufen. Das liefe darauf hinaus, für diese Zentren neben der

---

[18]) Wie zeitgebunden raumordnungspolitische Konzeptionen sein können, zeigt das Beispiel der Entlastungsorte: Nach dem Raumordnungsgesetz von 1965 sollten sie ausgebaut werden, um den seinerzeit wohl als unabänderlich angesehenen Wachstumsdruck in unmittelbarer Nachbarschaft der Verdichtungsräume aufzufangen, während die Ministerkonferenz für Raumordnung ihnen daneben schon die Funktion zuwies, „in der Tiefe des Ordnungsraumes" Impulse auf angrenzende ländliche Gebiete auszuüben (MKRO-Entschließung: Zur Frage der Verdichtungsräume [§ 2 Abs. 1 Nr. 6 ROG] vom 21. 11. 1968. In: Raumordnungsbericht 1968 der Bundesregierung, Bundestagsdrucksache V/3958, S. 151 f.). Dieses Konzept der Entlastungsorte wurde dann bei der Aufstellung des Bundesraumordnungsprogramms — schon im Hinblick auf die sich abzeichnende Trendwende — gänzlich fallengelassen, die beiden Funktionen Entlastung der Verdichtungsräume und Impulse für ländliche Gebiete sollten nunmehr im großräumigen Maßstab die Entwicklungszentren übernehmen, vgl. Antwort der Bundesregierung auf die Große Anfrage betr. Raumordnung, Bundestagsdrucksache 7/2044 v. 26. 4. 1974, Frage 6.

[19]) Vorschläge für eine solche Differenzierung finden sich bereits in den Empfehlungen des Beirats für Raumordnung: Zielsystem zur räumlichen Ordnung und Entwicklung der Verdichtungsräume in der Bundesrepublik Deutschland (14. 9. 1972). In: Raumordnungsbericht 1972 der Bundesregierung, Bundestagsdrucksache VI/3793, S. 163 ff.; Die Gültigkeit der Ziele des Raumordnungsgesetzes und des Bundesraumordnungsprogramms unter sich ändernden Entwicklungsbedingungen; a. a. O., S. 17 f.

bisher allein geltenden Mindestausstattung auch Limits für eine Höchstausstattung festzulegen. Eine Politik, die sich zukünftig weniger an konkurrierenden, insgesamt kaum erfüllbaren Entwicklungserwartungen dieser Zentren orientiert und stärker auf Bestandsgarantien innerhalb bestimmter Ober- und Untergrenzen ausgerichtet ist, dürfte effizienter sein. In dieser Betrachtungsweise wird es auch in Zukunft Regionen mit schwach ausgebildeten Zentren geben, die anderen verstädterten und hochindustrialisierten Regionen im Wohlstandsniveau deutlich nachstehen werden. Gleichwohl wird es notwendig und möglich sein, ein Unterschreiten regionaler Mindeststandards der Lebensbedingungen nicht eintreten zu lassen, wenn diese Standards nicht zu hochgeschraubt werden.

Für die eigentlichen Oberzentren im Range von *Metropolen* sind Kataloge einer oberzentralen Mindestausstattung ohnehin nicht erheblich, denn sie haben mit ihrer Ausstattung die Maßstäbe gesetzt. Auch bezüglich der regionalen Mindeststandards ergeben sich für diese Oberbereiche kaum Defizite. Die Planungskonzepte für diese Gruppe von Oberzentren sollten zukünftig stärker auf die überregionalen, nationalen und internationalen Funktionen abstellen als auf interregionale Ausstattungsunterschiede. Dadurch würden die gesamträumlich tragenden Elemente der Siedlungsstruktur angemessener berücksichtigt.

VIII. Aspekte der Durchsetzung

Die zur Diskussion gestellten konzeptionellen Ansätze sind sehr viel differenzierter als die etablierten Konzeptionen, zu denen die zentralörtliche Gliederung des Bundesgebietes und seine räumliche Gliederung in Oberbereiche bzw. Planungsregionen der Länder und ein großräumiges Regionskonzept des BROP einschließlich des Konzepts der „ausgeglichenen Funktionsräume" rechnen. Für die differenzierten Ansätze könnten die Planungsregionen der Länder und die Gebietseinheiten des BROP als Analyse- und Prognoseräume beibehalten werden. Planungsalternativen ergeben sich insoweit, als der Gedanke einer langfristig mehr oder weniger ausgeglichenen großräumigen Struktur des Bundesgebietes bewußt aufgegeben wird. Die Planungsalternativen sollten statt dessen stärker an einer siedlungsstrukturellen Differenzierung zwischen Zentren und Teilräumen ansetzen. Diese zentrenbezogene Differenzierung würde einmal den Bereich der Oberzentren betreffen: Metropolen; lagegünstige kleinere Verdichtungsräume und Oberzentren, geeignet als förderungswürdige Schwerpunkte für eine begrenzte Dekonzentration, und Regionshauptstädte. Zum anderen sollte insbesondere in peripheren ländlichen Räumen das starre Zentrale-Orte-Schema aufgelöst werden zugunsten eines räumlichen Verbundes von Teilzentren und dispers konzentrierten Standorten. Dieses Prinzip eines arbeitsteiligen Zentrenverbundes kann auch auf Regionshauptorte und kleinere Zentrale Orte im ländlichen Raum ausgedehnt werden, soweit sich eine eindeutige hierarchische Zentrenstruktur nicht herausbilden konnte. Auf der Ebene der eigentlichen Oberzentren fände es seine Ausprägung in der begrenzten Dekonzentration. Da die Zentrale-Orte-Hierarchie durch Aufspaltung des Zentralort-Status und partielle Verknüpfung der Ebenen flexibler und durchlässiger würde, müßte auch die bisherige Hierarchie der Achsen entsprechend umstrukturiert werden.

Aus der Zentrendifferenzierung würden sich entsprechende Auswirkungen auf die räumlichen Gliederungen ergeben, z. B. als Unterschiede zwischen Oberbereichen von Metropolen und von Regionshauptstädten. Eine Umstrukturierung der eingeführten

Raumgliederungen wäre wohl nur in einem langwierigen Prozeß erreichbar, wenn sie nicht als ein Aufgeben gesicherter Positionen mißdeutet werden soll. Etabliert sind nämlich auch die *Planungsregionen der Fachplanungen*. Sie sind mit den Regionen der Raumordnung und Landesplanung nicht kompatibel, weil ihre Abgrenzung fachspezifischen Erfordernissen dient. Damit versperren sie sich fachübergreifenden Koordinierungsbemühungen. Wenn nun seit Jahren die jeweilige Position so behauptet wird, daß gegen geringfügige Zugeständnisse bei den eigenen Regionsabgrenzungen die Anpassung der anderen Regionen erwartet wird, haben Raumordnung und Landesplanung den schwierigsten Stand. Dies gilt auch deshalb, weil sie sich bisher selbst nicht auf bundeseinheitlich vergleichbare Mittelbereiche einigen konnten, die ja die kleinsten Bausteine einer stimmigen raumordnerischen Regionenhierarchie bilden sollen. *Die Region, die allen planerischen und verwaltungsmäßigen Belangen genügen kann, wird es nicht geben.* Zu beachten ist dabei, daß sich nach den wiederum nicht immer mit Regionen kompatiblen Abgrenzungen der allgemeinen Verwaltungsgliederung die öffentlichen Finanzmittel verteilen. In dieser Situation wäre es daher für Raumordnung und Landesplanung vorteilhafter, weil realistischer, sich den Zugang zu ihrer Koordinierungsaufgabe nicht durch ein Festhalten an einem starren, extrem konsensbedürftigen Regionenschema zu verbauen[20]. Es würde auch genügen, durch alle Regionenschemata hindurch für den konkreten Raum und seine Einwohner zu kontrollieren, ob
— regionale Mindeststandards gewährleistet sind und
— die jeweiligen siedlungsstrukturellen Gegebenheiten und Verflechtungsmöglichkeiten bestmöglich genutzt werden.

Die Zusammenschau aller die Raumstruktur beeinflussenden Maßnahmen sollte vorerst noch vor dem Hintergrund raumordnerischer Analyse- und Prognoseregionen erfolgen. Für Raumordnung und Landesplanung könnte sich dabei ein deutlich zurückgenommenes Verständnis der Koordinierungsaufgabe langfristig als effektiver erweisen. Es würde sich insbesondere in einer Beschränkung auf die *Vorgabe und Zulieferung von Standortkonzepten* für die Fachplanungen artikulieren. Den Fachplanungen sollten ihre eigenen Planungsregionen belassen bleiben. Das wirft zwar erhebliche datentechnische Probleme der Umrechnung auf eine raumordnerische Regionsgliederung auf. Die Lösung dieser Probleme dürfte aber leichter sein als die Durchsetzung einer Superkompetenz im Sinne einer ressortübergreifenden Entwicklungsplanung, die mit einer raumordnerischen Regionenhierarchie letztlich beansprucht wird.

Für die Durchsetzung einer begrenzten Dekonzentration in der Siedlungsstruktur spricht, daß sich die Fachplanungen diesem Konzept leichter anschließen könnten als dem bisher angestrebten großräumigen Ausgleich. Hierfür gibt es zwar genügend große öffentliche Fonds wie die der Gemeinschaftsaufgaben und die Finanzhilfen nach Art. 104 a GG, es darf aber nicht übersehen werden, daß die Zuweisungsmechanismen hinsichtlich dieses Konzepts erheblichen politischen, verwaltungs- und verfahrensmäßigen Hemmnissen[21] sowie verfassungsrechtlichen Restriktionen[22] unterliegen, so daß die

---

[20] So auch F. WAGENER: Zweckmäßig abgegrenzte Räume für die Raumordnungspolitik. In: Flurbereinigung bei Planungsräumen, Informationen zur Raumentwicklung, 1976, Heft 1, S. 57 ff., jedoch mit der Konsequenz, die Räume der Raumordnung und der Fachplanungen den Verwaltungsräumen vollständig anzugleichen.

[21] Siehe hierzu F. W. SCHARF, B. REISSERT und F. SCHNABEL: Politikverflechtung: Theorie und Empirie des kooperativen Föderalismus in der Bundesrepublik. Kronberg/Ts. 1976, S. 71 ff.

[22] Durch das Urteil des Bundesverfassungsgerichts vom 4. März 1975 zu den §§ 71, 72 Städtebauförderungsgesetz — 2 BvF 1/72 — ist exemplarisch für die Finanzhilfen des Bundes nach Art. 104 a GG ein interregionaler Disparitätenabbau im Bundesgebiet praktisch ausgeschlossen, weil grundsätzlich nur eine Gleichbehandlung der Länder bei der Mittelzuweisung zulässig ist (siehe Entscheidungen des Bundesverfassungsgerichtes, Bd. 39, Tübingen 1975, S. 96 ff.).

Durchführbarkeit schon aus diesem Grunde zweifelhaft, wenn nicht unmöglich erscheinen muß. Im ländlichen Raum würden folglich die Fachplanungen realistische Standortkonzepte eher übernehmen können als überzogene Ausbau- und Schwerpunktkonzepte.

Die entscheidende Frage ist, ob die landesplanerische Bereitschaft besteht, das *starre Zentrale-Orte-System aufzulockern*. Geschieht dies nicht, könnten sich ungeordnet und ungesteuert räumliche Entwicklungsprozesse durchsetzen, die dem starren Zentrale-Orte-Schema zuwiderlaufen und tendenziell eher den hier zur Diskussion gestellten konzeptionellen Ansätzen entsprechen. Dies wäre ein Verzicht auf Raumplanung und Festhalten an einer theoretischen Landschaft, die mit unserer Raum- und Siedlungsstruktur immer weniger gemein hat.

Diskussion

Leitung: Ltd. Ministerialrat Dr. Heinrich Lowinski, Düsseldorf

Professor Dr.-Ing. Dieter Bökemann, Wien

Herr Präsident, meine sehr geehrten Damen und Herren!

Im Referat von Prof. HEINZ MÜLLER wurde die Sorge von vielen Raumplanern der älteren Generation um das „Volk ohne Raum" ersetzt durch eine neue Sorge, jene um den „Raum ohne Volk". Sicherlich hat, wie HEINZ MÜLLER prognostiziert, die weniger dicht besiedelte Bundesrepublik Deutschland auch ihre erfreulichen Seiten: Ich könnte mir vorstellen, daß die Entwicklung zu einer Idylle mit freien Straßen und jederzeit nutzbaren öffentlichen Einrichtungen es den Bürgern erlaubt, die vielen Annehmlichkeiten und günstigen Gelegenheiten dieses Landes in größerem Umfang zu genießen.

Aber — Spaß beiseite — diese Zukunftsvision erscheint mir nicht so recht glaubhaft; ich bezweifle die Voraussetzung der von Prof. MÜLLER sicherlich methodisch sehr korrekt kalkulierten Prognose. Jede regionalwissenschaftliche Prognose hängt ab von bestimmten Annahmen über das Bevölkerungsverhalten sowie über die Bestandsveränderungen in der materialen und institutionellen Ausstattung des bestimmten Landes. Prof. MÜLLER konzentriert sich in seiner Prognose auf das generative Verhalten der deutschen Bevölkerung. Bei stärkerer Betonung dieses Aspektes für die gesamte Entwicklung der Bundesrepublik glaubt er zum einen, die internationalen Wanderungen in bezug auf die Bundesrepublik Deutschland außer acht lassen zu können, zum anderen glaubt er offenbar nicht an die Wirkung politischer Steuerungsmittel. Ich erlaube mir insbesondere in Hinblick auf diese Einschätzung eine gewisse Skepsis auszudrücken.

Selbst wenn wir die Thesen von HEINZ MÜLLER zum Trend im generativen Verhalten der aktuellen deutschen Bevölkerung akzeptieren, bleibt die Frage: was heißt eigentlich zukünftig „*deutsche* Bevölkerung"? Dies scheint mir vor allem eine politische Frage, — können doch einwandernde Ausländer durch politischen Willen und Gesetze nach den jeweiligen Opportunitäten schnell zu Deutschen gemacht werden...

Bei den zunehmenden Bemühungen um die Integration Europas erhält dieser Aspekt meines Erachtens besonderes Gewicht. Ob dabei die Bundesrepublik Deutschland zur zentralen Idylle Europas wird, hängt somit neben dem aktuellen generativen Verhalten der Deutschen doch vor allem vom internationalen Wanderungsverhalten ab. Wenn in Europa weiter die internationalen Mobilitätsbarrieren verschiedener Art abgebaut werden, dann kommen wohl die sachlichen Ausstattungsunterschiede der Staatsgebiete in den

Bereichen der Infrastruktur, Arbeitsplätze und Wohnungen, aber auch die nationalen Unterschiede in dem institutionell definierten Handlungsspielraum der Bürger immer stärker zum tragen. Wenn das vielfach beschriebene Gefälle von der Bundesrepublik Deutschland zu den anderen europäischen Staaten in bezug auf die materiellen und institutionellen Ausstattungen, die beruflichen Fertigkeiten und das Innovationspotential tatsächlich existieren sollte, wird auf die abnehmende Geburtenrate der ansässigen Bevölkerung ein zunehmender internationaler Migrationsdruck reagieren. Meine Vermutung geht im Gegensatz zu den Ausführungen von HEINZ MÜLLER also dahin, daß Zuwanderungen im internationalen Attraktivitätsgefälle entsprechende Geburtenratenrückgänge bei der ansässigen Bevölkerung im Agglomerationskern durchaus substituieren werden. Das ist in Analogie zur Stadtentwicklung — so meine ich — eine gesicherte Hypothese; zumindest wenn wir von konjunkturellen Schwankungen, die besonders gegenwärtig den weiten Blick trüben können, abstrahieren.

Um nochmals auf die Frage der Staatsbürgerschaft zurückzukommen: sie erscheint mir unter mittel- und langfristigen Aspekten irrelevant, denn wir alle wissen, daß statusdefinierende Gesetze schnell änderbar sind.

Frühere Wachstumsprognosen haben sich als falsch erwiesen. Das hat uns HEINZ MÜLLER in seinem Vortrag gelehrt. Vielleicht irren — mir sei diese bissige Bemerkung verziehen — Statistiker bei regionalwissenschaftlichen Prognosen prinzipiell — und müssen irren, damit unter anderem auch Politiker agieren können, indem sie den statistisch „schlechten" Trend durch Gesetze und Investitionen korrigieren.

Unter diesem Aspekt würde ich die Prognose von HEINZ MÜLLER gerne als eine zwar irrige, trotzdem aber sehr nützliche Prognose bezeichnen. Persönlich bemerke ich, daß ich eher an die Langlebigkeit materialer und institutioneller Bestände und, im Hinblick auf die Migration, an die besondere Wirkung regionaler Ausstattungsunterschiede glaube. Diesen Komponenten messe ich für die Dichte und Verteilung der Bevölkerung in einem Staatsgebiet einen gewichtigeren Einfluß bei als Schwankungen der Geburtenrate und der Fertilität.

Aus allen diesen Gründen erscheint mir die Sorge um den „Raum ohne Volk" für die Planer und Politiker in der Bundesrepublik Deutschland derzeit nicht angebracht, ja bedenklich.

Professor Dr. Rainer Thoss, Münster

Herr Präsident, meine sehr geehrten Damen und Herren!

Ich möchte auf den Aspekt der wirtschaftlichen Entwicklung eingehen, über den Herr Kollege MÜLLER gesprochen hat. Sie wissen sicherlich schon, was ich sagen will, denn ich habe bereits in Duisburg für eine ganz andere Sicht der wirtschaftlichen Zusammenhänge plädiert. Herr MÜLLER hat am Schluß gesagt, er mache absichtlich sehr pessimistische Prognosen, um zu provozieren und um deutlich zu machen, wie die wirtschaftliche Entwicklung im schlimmsten Falle aussehen kann. Er hat völlig zu Recht auf die sich im Fünfjahresdurchschnitt vermindernden Wachstumsraten des Sozialprodukts hingewiesen, aber er hat nicht gesagt, wessen Schuld das ist, daß sich diese Entwicklung vollzogen hat. Und ich meine, daß man die Schuldfrage klären muß, um zu verhindern, daß die uns in der Raumordnung so sehr behindernde restriktive Wirtschaftspolitik auch in Zukunft fortgesetzt wird.

Meine Damen und Herren, es ist doch so, daß das langfristige Sinken der Zuwachsraten, das Herr MÜLLER heute aufgezeigt hat, keine schicksalhafte Fügung ist, mit der wir leben müssen, sondern ein unerträglicher Zustand, der künstlich herbeigeführt ist und der schleunigst geändert werden muß. Die heute vorgelegten Zahlen sind der Beweis dafür, daß die Mißerfolge unserer Wirtschafts- und Finanzpolitik viel schlimmer sind als die Arbeit des Bundesraumordnungsministers, die wir hier in diesem Rahmen so gern kritisieren. Deshalb muß man immer wieder darauf hinweisen, daß die Raumordnungspolitik ein niedriges Wirtschaftswachstum nicht einfach hinnehmen darf, sondern daß sie durch Forcierung des Ausbaus der Infrastruktur ihren Beitrag zur Steigerung des Wachstums leisten muß. Es fällt mir nicht leicht, aber ich möchte doch an das Beispiel der Weltwirtschaftskrise erinnern und daran, daß wir schon einmal durch Infrastrukturausbau in Deutschland Arbeitslose von der Straße gebracht haben. Und das ist in der Weise geschehen, daß man *nicht* einfach den Trend extrapoliert und vor solchen Entwicklungen kapituliert hat, sondern daß man sich entschlossen hat, durch staatliche Maßnahmen, nämlich durch Infrastrukturausbau, zugleich raumorderischen Zielen und gesamtwirtschaftlichen Zielen zu dienen. Ich meine, daß die Entwicklung, die in den Tabellen für die Vergangenheit dargestellt ist und die Herr MÜLLER in die Zukunft verlängert hat, nicht zwangsläufig ablaufen muß. Die deutsche Raumordnungspolitik macht sich mitschuldig, wenn sie dieser Entwicklung nicht entgegenwirkt. Es darf einfach nicht akzeptiert werden, daß man immer sagt, wir haben kein Geld für den Ausbau der Infrastruktur, sondern der Zusammenhang muß genau umgekehrt gesehen werden: *weil* nicht investiert wird, kann die von Herrn Kollegen MÜLLER erwartete Entwicklung eintreten; und dann haben wir in der Tat kein Geld, um den Ausbau der Infrastruktur in den Zentralen Orten durchzuführen.

Professor Dipl.-Ing. Heinz Weyl, Hannover

Die Molltöne, die der Präsident in seiner Eröffnungsansprache angestimmt und die Herr Kollege MÜLLER heute nachmittag aufgenommen hat, sind nach meiner Meinung doch etwas zu ausgeprägt. Vielleicht rührt das daher, daß beide Redner in ihren Betrachtungen überwiegend von den Bewertungsmaßstäben der Nachkriegsentwicklung ausgehen, die durch hohe Zuwachsraten und entsprechend hohe Prioritäten für Investitionen der öffentlichen Hände gekennzeichnet war, während die heutige Situation durch allgemeine Konsolidierungstendenzen in Gesellschaft und Wirtschaft geprägt ist und kaum noch Wachstumsraten aufzuweisen hat.

Es ist zuzugeben, daß die Umstellung auf Konsolidierung auch und gerade für die Raumordnung nicht leicht ist, wie es auch nach wie vor schwierig ist, die besonderen Chancen zu analysieren und zu artikulieren, die der oft beschworene Übergang von quantitativem zu qualitativem Wachstum mit sich bringt. Mir scheint aber, daß die Raumplanung stärker als dies bislang geschehen ist die innere Dynamik analysieren sollte, die unsere Gesellschaft entwickelt und die uns entgeht, solange wir nur oder doch überwiegend in Quantifizierungen denken und dazu noch in nicht ausreichend differenzierten. So besagt nach meiner Auffassung die Darstellung jährlicher Zuwachsraten etwa des Bruttoinlandsprodukts gar nichts, solange nicht etwaige, darin enthaltene bzw. versteckte Umverteilungsprozesse, z. B. zwischen Altersklassen oder Erwerbsgruppen, aufgedeckt werden, die wiederum erheblichen Einfluß auf die Siedlungs- sowie auf die Sozialstruktur unseres Landes haben können.

Andererseits meine ich, daß diese innere Dynamik in unserer Gesellschaft zu nicht unerheblichen Teilen durch Prozesse ausgelöst oder doch verstärkt wird, die ihrerseits aus der Summe eingeleiteter oder durchgeführter Reformen herrühren. So sind wir sehr schnell mit den Konsequenzen der Gebiets- und Verwaltungsreform konfrontiert worden, die sich für die Raumordnung, etwa in bezug auf die Bedeutung zentraler Orte im ländlichen Raum, überaus negativ ausgewirkt haben. Ähnlich ist es mit den Konsequenzen der Bildungsreform, in deren Verlauf wiederum die unteren Kategorien der zentralen Orte an Bedeutung verloren haben, während die Errichtung von Schul- und Hochschulzentren anderen Räumen u. U. ganz ungewöhnliche Bedeutungsüberschüsse gebracht hat. Verallgemeinernd ausgedrückt haben die Auswirkungen dieser beiden Reformen die Siedlungs- und in Teilen auch die Sozialstruktur der Bundesrepublik im Sinne einer eher stärkeren Zunahme an Disparitäten verändert bzw. verändern sie immer noch.

Anders ist es mit den Auswirkungen der Rentenreform. Die Anhebung der Renten hat die materielle Lage breiterer Rentnerschichten derart verbessert, daß sie Wohnwünsche — und das sind im allgemeinen Wünsche auf Verbesserung ihrer nicht mehr arbeitsplatzgebundenen Wohnsitze — in einem sehr viel höherem Ausmaß verwirklichen können, als das noch vor wenigen Jahren möglich schien. Von der damit ausgelösten altersspezifischen Mobilität (als einer besonderen Form von altersspezifischer Segregation!) profitieren als Zielräume der entsprechenden Wanderungen solche bislang als „peripher" eingestuften ländlichen Räume, die über landschaftliche Reize bei nicht allzu großer Verkehrsferne verfügen. Hier scheinen sich also zusätzliche Funktionen für landschaftlich reizvolle Räume auszubilden.

Wie dem auch sei, schien es mir wichtig, auf strukturelle Veränderungen hinweisen zu sollen, die nicht durch äußere Einwirkungen bedingt sind, sondern ihrerseits — gewollte oder nicht gewollte — Ergebnisse eigener politischer Entscheidungen darstellen, mit denen die Raumordnung aber rechnen und denen sie auf angemessene Weise begegnen müßte. Darüber hinaus sollte es mehr als bisher Aufgabe der Raumordnung sein, die Vielzahl endogener wie exogener Prozesse innerhalb unserer Gesellschaft auf ihre raumbedeutsamen Auswirkungen zu untersuchen und sie bei der Neukonzipierung und Bewertung raumordnungspolitischer Zielsysteme entsprechend einzuordnen.

Professor Dr. Dr. Hans Harmsen, Hamburg

Wir müssen leider davon ausgehen, daß die Schätzungen der Bundesregierung noch sehr optimistisch sind. Dies muß in zwei Richtungen besonders beachtet werden, einmal hinsichtlich der Grenzen der Investitionsmöglichkeiten bzw. -entwicklungen, die im Zusammenhang mit einer weiter rückläufigen Bevölkerungsentwicklung gesehen werden müssen. Das zweite Moment, auf das ich zum Schluß noch einmal zurückkomme, ist die Frage Vollbeschäftigung bzw. Arbeitslosigkeit. Erfreulich ist, daß bei der Vorausberechnung ausgegangen wird von den tatsächlichen Ergebnissen von 1975, die sich aber weiter negativ entwickelt haben. Ich möchte hier auf eine ganz grundsätzliche Gefahr hinweisen: Es wird immer operiert mit einer arbeitsfähigen Bevölkerung von 15—65 Jahren. Das stimmt doch überhaupt nicht mehr mit der Realität überein. Als erwerbsfähig bzw. erwerbstätig haben wir im wesentlichen von der Gruppe der 20- bis 60jährigen auszugehen. Unsere gesamte Bildungsentwicklung — Schul- und Berufsschulentwicklung — hat zur Folge, daß die Jugendlichen heute nicht schon mit 15 Jahren, sondern erst später in den Arbeitsprozeß kommen. Eine den Tatsachen näher kommende Gruppierung der Erwerbsbevölkerung, bei der die unter 20jährigen sowie die über 60jährigen zu versorgen sind, bedeutet natürlich hinsichtlich der Gesamtbelastung eine erhebliche Verschiebung, wobei in der Gruppe der Bejahrten zu unterscheiden ist zwischen der Gruppe der 60- bis 75jährigen und den über 75jährigen; letztere ist die biologisch anfälligere Gruppe, die erhebliche soziale Belastungen auslöst.

Die Hoffnung darauf, daß mit den geburtenstarken Jahrgängen, die jetzt ins Ehealter hineinkommen, erheblich höhere Geburtenraten zu erwarten sind, ist trügerisch. Im Gegenteil: Wir werden zwar eine Zunahme von Eheschließungen haben, wir haben aber gleichzeitig auch eine Zunahme der Ehescheidungsquote. Während früher eine Ehescheidung aber keine Entscheidung gegen die Ehe als solche war, sondern meistens unmittelbar anschließend eine Zweitehe eingegangen wurde, aus der weitere Kinder hervorgingen, ist es nach dem neuen Ehescheidungsgesetz sehr fraglich, ob noch neue Zweitehen nach dem neuen Ehescheidungsrecht zustande kommen. Zu erwarten ist vielmehr eine weitere ganz beachtliche Reduktion der zweiten Familienbildung. Wir haben bereits heute eine Zunahme der kinderlos nicht verheiratet Zusammenlebenden.

Noch ein letzter Gesichtspunkt auch zur Frage der Beschäftigung bzw. Arbeitslosigkeit: Unsere bisherigen völlig unzureichenden Maßnahmen auf dem Gebiet des Familienlastenausgleichs mittelständiger Bevölkerungsanteile führen durch die egalitäre Kindergeldförderung zwangsläufig schon heute dazu, daß gewisse sozial-rand-ständige Gruppen aufgrund dieser Regelung eine immer größere Kinderzahl in die Welt setzen, die aber z. T. als lern- und leistungsschwache von vornherein vorprogrammierte Arbeitslose sind. Das Problem der Arbeitslosigkeit muß differenziert gesehen werden in bezug auf die Schicht der Leistungsfähigen. Hier liegen ganz schwerwiegende, bisher bewußt ausgeklammerte soziale und soziologische Probleme.

Ltd. Regierungsbaudirektorin Dr.-Ing. Raghilt Berve, Düsseldorf

Herr Präsident, meine sehr verehrten Damen und Herren!

Es gibt einen sehr interessanten Punkt in der Planungshierarchie, und das ist der, an dem unsere theoretischen und Rahmenüberlegungen gegen die Planungshoheit der Gemeinden stoßen. Und von daher erlauben Sie bitte ein paar Bemerkungen zu der Frage von „Richtwerten". Ich bin heute morgen durch theoretisches Rüstzeug sehr bereichert worden, so daß ich glaube, daß meine Überredungskunst gegenüber einem Bürgermeister einer 10 000-Seelengemeinde sicherlich gewonnen hat. Andererseits weiß ich nicht, ob er mir glauben wird. Und ich stimme mit Herrn Professor MÜLLER völlig überein: Wir können zum Problem der „Richtwerte" nur davon ausgehen, daß wir sie als Instrumentarium benutzen, das einen politischen Konsens erfordert. Nur: Der politische Konsens ist um so eher zu erreichen, indem ich versuche, unser theoretisches Rüstzeug zu verbessern, d. h. indem ich versuche, objektiver zu argumentieren. Hier ist es eben doch sehr bedauerlich, daß diese Richtwerte mit zunehmender Kleinräumigkeit an Genauigkeit und Glaubwürdigkeit verlieren. Und hier wäre mein Appell an die Wissenschaft zu versuchen, uns mehr an die Hand zu geben, daß wir also über die Region hinaus kleinräumigere, plausiblere Richtwerte bekommen.

Das ist der eine Punkt. Der andere Punkt wäre: Wir sollten, meine ich, nicht isoliert bei den Richtwerten stehenbleiben. Wir gewinnen sehr an Glaubwürdigkeit, wenn wir klarmachen können, daß wir auch die Fachplanungen darauf reagierend ausrichten können. Ein ganz konkretes Beispiel: Wenn ich sage, daß in Duisburg die Abwanderung verhindert werden muß, dann genügt das einfach nicht alleine, wenn ich nicht glaubhaft machen kann, daß sich die Fachplanung darauf konzentriert, den Wohnwert in Duisburg so anzuheben, daß tatsächlich auch die Wanderungsverluste allmählich aufhören. Ich meine, der fachliche Horizont der Landesplanung hätte sich zwar nicht von der Menge der Aussagen, aber von der Qualität her erweitert; auch insoweit, als wir zunehmend darauf Einfluß nehmen müssen, daß die fachplanerischen Programme enger an unsere Konzeptionen angebunden werden.

Ein dritter Punkt: In Nordrhein-Westfalen ist vielleicht manches anders. Hier haben wir gerade in Verdichtungsgebieten die höheren Verluste und in den Randbereichen bzw. in den ländlichen Bereichen Bevölkerungsgewinne. (Bei den Arbeitsplätzen sieht es anders aus). Und so meine ich, daß man Schwellenwerte, bei denen weitere Verluste nicht mehr tragbar sind, nicht nur im ländlichen Raum versucht festzustellen, sondern auch in den Verdichtungsgebieten.

Professor Dr. J. Heinz Müller, Freiburg

Herr Prof. BÖKEMANN,

Ihre Bemerkung, daß ich von internationalen Wanderungsbewegungen in meiner Analyse abstrahiert hätte, entspricht völlig den Tatsachen. Eine andere Art von Prognose ist nicht möglich, weil niemand vorhersehen kann, ob und ggf. zu welchem Zeitpunkt bei uns Zuwanderungen über die Grenzen aus Nicht-EG-Ländern wieder erlaubt werden. Es kommt aber noch hinzu, daß in *allen* Ländern starke Geburtenrückgänge — wenn auch nicht in dem Ausmaß der Bundesrepublik Deutschland — zu verzeichnen sind, so daß sich wahrscheinlich bei ihnen in Zukunft kein so starker Bevölkerungsdruck einstellen wird wie in der Vergangenheit. Natürlich kann sich auch in der Frage der Staatsbürgerschaft „etwas tun", vor allem in der Richtung, daß schon länger bei uns lebende Ausländer die deutsche Staatsbürgerschaft erhalten. Das ändert aber nicht viel an der prognostizierten Entwicklung, weil bei den bei uns schon länger wohnhaften Ausländern die gleiche Geburtenentwicklung — mit einem time-lag — festzustellen ist wie bei der deutschen Bevölkerung.

Herr Kollege THOSS, wir haben über die von Ihnen angeschnittene Frage schon öfter diskutiert. Im Gegensatz zu Ihnen sehe ich die Dinge etwas anders: Das niedrige Wirtschaftswachstum der letzten Jahre ist zwar einerseits eine direkte Folge des jüngsten Konjunktureinbruchs, ist aber andererseits auch langfristig in dem Sinne zu sehen, daß die Zeiten eines Nachholwachstums, wie wir es längere Zeit nach Ende des letzten Krieges hatten, endgültig hinter uns liegen. Wir müssen uns auf Dauer auf niedrigere Wachstumsraten beim realen Bruttosozialprodukt pro Kopf einrichten, selbst wenn der jetzige konjunkturelle Einbruch einmal hinter uns liegt.

Auch hinsichtlich der Möglichkeiten, durch einen forcierten Ausbau der Infrastruktur die jetzige Nachfrageschwäche zu überwinden, bin ich vorsichtiger. Bei der augenblicklichen Gesamtsituation erscheint mir die Gefahr eines neuen Preisschubes zu groß, als daß man die Nachfrage allzu stark anfachen dürfte.

Herr WEYL, Sie weisen mit Recht darauf hin, daß die Rentenreform einiges Positive für die Raumordnung gebracht habe. Man sollte das aber auch nicht überbewerten. Ich stimme Ihnen auch darin voll zu, daß die Raumordnung strukturelle Veränderungen mehr in ihre Analysen einbeziehen sollte, als ich es in meinem Referat tun konnte. Aber auch in dieser Beziehung kann ich nur davor warnen, zu hoffen, daß von hier aus Kräfte ausgehen könnten, die zu einer wesentlich anderen Entwicklung führen, als ich sie aufgezeigt habe.

Herr HARMSEN, Ihrer Bemerkung hinsichtlich der Problematik der Grenzziehung bei den verschiedenen Bevölkerungsgruppen, insbesondere der arbeitsfähigen Bevölkerung, stimme ich voll zu. Es dürften sich aber bei langfristiger Betrachtung auch bei einer anderen Grenzziehung keine wesentlich veränderten Ergebnisse einstellen.

Frau Dr. BERVE, Ihren ergänzenden Bemerkungen pflichte ich voll bei. Wir müssen gerade hinsichtlich der zu erwartenden Entwicklung stärker als bisher zwischen den verschiedenen Arten von Räumen unterscheiden. Auch ist die Zusammenarbeit mit den Fachplanungen in Zukunft noch wichtiger als bisher.

Gerhard Iversen, Bremen
Mitglied der Deputation für Bau und Raumordnung der Bremischen Bürgerschaft

Sehr geehrte Damen und Herren!

Ich darf es einmal wagen, als Laie in Ihrer Mitte zum Thema „Bürger und Planer", „Bürger und Planung" einiges zu sagen, und zwar als Laie mit einem seltenen Hobby ab 1945: nämlich der Stadt- und Landesplanung. Deshalb danke ich für die Einladung und habe das Anliegen an Sie, eine Bitte mit auf den Weg für Ihre Arbeit zu nehmen. Ich habe diese Bitte aus einer Erfahrung — aus vielfältigen Beobachtungen, denn 1945 begann ich in dieser Stadt, noch mit Genehmigung der Militärregierung, Bürger zusammenzuführen, um mit den Planern zusammen die Gestaltung der Stadt und des Siedlungsraumes für den gemeinsamen Wiederaufbau vorzubereiten. Ab 1960 etwa, als der Wiederaufbau beendet war, mußten wir dann eintreten in die schwierigen Aufgaben, wie ich sie heute hier in Ihrer Mitte beobachte und oft beobachten konnte.

Von 1959 bis heute bin ich selbst im Parlament der Stadt auch zu Hause und weiß, wie Politiker handeln und denken über Planer und Gelehrte. Dann ist es mir in dieser Arbeit geschenkt worden, in über 30 Jahren mit den Technischen Universitäten, mit den Lehrstühlen, mit denen Sie zu tun haben und von denen Sie teilweise kommen, in vielfältiger Verbindung zu stehen. Meine Wegbegleiter — um hier nur einige Namen zu nennen — sind SCHUMACHER, WORTMANN, HILLEBRECHT, JENSEN, TAMMS, KISTENMACHER, ALBERS u. a.

Herr Präsident, Sie haben in Ihren einführenden Worten Hinweise gegeben und Sorgen ausgesprochen, die ich als Laie und Bürger in Hinblick auf den Planer und sein Handeln in vielfältiger Form teile. Ich nenne nur drei Gedanken, wie ich sie festgelegt habe: der freie Raum der Planung und die „Dritte Gewalt", der Bürger im Widerstreit gegen den Planer, die Sorge um den Lebensraum insgesamt.

Nun entschuldigen Sie, wenn ich es wage, meine Erfahrungen mit den Planern, mit der Verwaltung, mit den Politikern frei auszusprechen. Ist es nicht in den letzten Jahren eine bittere Erfahrung und Beobachtung geworden, daß Planer und die Parlamente ohne den Bürger handeln? Das ist sicher eine harte Feststellung, aber ich sage es aus eigener Beobachtung! Nicht nur hier in Bremen ist es so, sondern ich bin oft Monate als Behinderter in Wildbad und kenne daher auch den badischen und den schwäbischen Raum recht gut.

Oder die Sorge, die Beobachtung: Sprechen die Planer noch die Sprache des Bürgers? Und da meine ich, in den letzten 10 Jahren haben sie es fast verlernt! Sie sollten wieder zurückkehren zu der einfachen Sprache des Bürgers, damit er es auch kapiert. Damit er auch ihre Anliegen, ihre Sorge und ihr Sorgen für den Bürger dann nachher auch aufnimmt und mit ihnen gemeinsam die Aufgabe verwirklicht!

Wenn ich an die Schriften von SCHUMACHER denke — ich bin selbst beteiligt, ein Buch von SCHUMACHER mit Herrn Prof. WORTMANN neu herauszugeben; viele von Ihnen haben einen Vorhinweis erhalten. In unserer Hand ist auch die letzte Rede von SCHUMACHER im Rathaus von Hamburg, wo er schon ein kranker Mann war. Diese Rede könnte heute hier gehalten worden sein! Ich glaube, wir sollten gemeinsam — ob als Planer, Politiker, Bürger — wieder so sprechen, daß wir uns auch verstehen! Ich pflege oft im Parlament, in Ausschußsitzungen in unserer niederdeutschen Sprache zu sagen: „Kannst Du dat mal in dütsch seggen?" In hochdeutsch: „Kann man das auch in deutsch sagen, so, daß man es auch versteht?" Und das hilft oft schon.

Und dann eine Beobachtung, die zu den Ausführungen von Herrn Prof. MÜLLER für mich eine Bestätigung war. Wir haben alle miteinander vergessen, die wir uns für das Planungsgeschehen einsetzen, die vorhandenen Institutionen von Bürgern, die nach einer demokratischen Satzung über Generationen in den Lebensräumen der Stadt und des Landes tätig sind. Die Politiker nehmen diese auch nicht mehr ernst, sondern wir lassen uns wild machen von den sogenannten „Bürgerinitiativen", die unterwandert sind oder die nur eine Augenblickssorge übertreiben, ich sage das jetzt hart, aber das „Ganze" wird oft vergessen oder nicht gesehen!

Nun meine herzliche Bitte an Sie: Sprechen Sie bitte wieder — oder versuchen Sie es — die Sprache des Bürgers für das Planungsgeschehen, für die Planungen, die Sie vorhaben in Stadt und Land, damit der Bürger sie mit Ihnen zusammen auch ausführen kann. Bedenken Sie auch, wenn Fehler mal geschehen sind, sie auch teilweise abgebaut wurden, daß wir bereit sind, offen diese Fehler einzugestehen und es gemeinsam besser machen. Dies haben wir verlernt, meine ich.

Und helfen wir, daß es deutlich wird, daß nicht die Ideologen in der Planung, in der Verwaltung, in der Politik den Lebensraum des Bürgers verplanen! Ich könnte Ihnen viele Beispiele aus unserem Lebensraum und darüber hinaus sagen. Aber das ist ja gerade meine erste Sorge, daß das nicht eintritt, was ich eben sagte. Die Bürgerinitiativen habe ich bereits angesprochen: Planer und Politiker müssen sehen, wo der rechte Gesprächspartner ist.

Noch eine Bitte: Ich habe, als ich kam, auf dem Tisch einen kleinen Katalog gesehen über Ihre Veröffentlichungen. Geben Sie doch bitte die Veröffentlichungen und Dokumentationen, die Sie erarbeiten an den Hochschulen, den Instituten oder in den Arbeitskreisen, dem Bürger besser bekannt! Wer erhält sie denn? Ich weiß es aus der Erfahrung meiner Zeitschrift, die ich vierteljährlich herausgebe, was alles erscheint! Es müßte mehr dem Bürger nahegebracht werden.

Und nun zum Schluß will ich meine Sorge nicht in meine Worte kleiden. Ich möchte Sie bitten, daß wir gemeinsam bedenken — und es ist mir wirklich ein ernstes Anliegen um die Zukunft unseres Gemeinwesens. Als Laie, der Ihre Arbeit sehr gut versteht und kennt, sie zu werten weiß, aber auch aus der Arbeit in der Politik und aus der Arbeit als freier Bürger wähle ich hier mit Absicht nicht meine Worte zum Schluß, sondern Worte von REINHOLD SCHNEIDER: „Wo die ordnenden Kräfte nicht tragen, da nehmen die Mächte der Tiefe die Last auf sich und schleppen sie dem Abgrund zu". Helfen wir gemeinsam, daß das nicht eintritt!

Ministerialdirigent Dr. Günter Brenken, Mainz

Wegen der viel zitierten veränderten Rahmenbedingungen mit ihrem unbestreitbaren Einfluß auf die künftige Raum- und Siedlungsstruktur ist es zweifellos geboten, nach den Konsequenzen zu fragen, die die Raumordnungspolitik ziehen muß. In seinem Referat hat Prof. DIETRICHS zu Recht auch die Frage gestellt, ob das bisher zugrundegelegte raumordnerische Konzept verändert werden muß. Er hat diese Frage bejaht und — wenn ich es richtig verstanden habe — zwei neue Konzeptionen zu erwägen gegeben:

— eine Entleerung der für eine Agglomeration ungeeigneten ländlichen Räume, jedenfalls soweit sie Vorranggebiete für bestimmte Funktionen sein können;
— eine Maßstabsvergrößerung im regionalen Zuschnitt, d. h. beim zentralörtlichen System unter Gewährleistung nur eines Mindeststandards an Infrastruktur.

Als Begründung für die Notwendigkeit derartiger Neuerungen wird meist — wie auch heute, wenn auch nicht so deutlich — angeführt, das Zentrale-Orte-System habe sich bisher, d. h. in Zeiten des Wachstums an Bevölkerung und Wirtschaftskraft, nicht verwirklichen lassen, sei also für Zeiten eines schrumpfenden Entwicklungspotentials um so weniger geeignet. Diese Prämisse halte ich — und das möchte ich als Antithese zu dem ersten Referat klar herausstellen — *nicht* für *zutreffend*. Nach meinen Erfahrungen aus der landesplanerischen Praxis ist vielmehr folgendes festzustellen:

1. Das punkt-axiale Entwicklungssystem hat sich bewährt. Von allen Flächenländern ist es mehr oder weniger ausgeprägt als raumordnerische Konzeption angewendet worden; auch in den Entschließungen der Ministerkonferenz für Raumordnung ist es zugrundegelegt. Dieses System ist auch beim raumordnerischen Vollzug, d. h. bei den Ausbaumaßnahmen für Infrastruktur und Arbeitsplätze, im Verlauf des letzten Jahrzehnts berücksichtigt worden. Es bildet heute weitgehend die Grundlage für die bestehenden Raum- und Siedlungsstrukturen.

2. Die Erkenntnis, daß dieses Konzept beim weiteren Ausbau der Infrastruktur zugrundezulegen ist, hat bei den Fachressorts ganz zweifellos erheblich zugenommen. Es sei hier nur an die Berücksichtigung im Rahmen der jetzt laufenden Fortschreibung des Bedarfsplans für Bundesfernstraßen durch den Bundesverkehrsminister erinnert. Aber auch bei der Förderung im Rahmen der regionalen Wirtschaftsstruktur, beim Landesstraßenbau, beim Ausbau der kulturellen und sozialen Infrastruktur, ist es, wenn auch nicht immer unter ausdrücklicher Bezugnahme auf dieses System, zugrundegelegt worden.

3. Einen wesentlichen Teil dieser Konzeption bildet das System der zentralen Orte. Es existiert in der raumordnerischen Wirklichkeit, was Herr DIETRICHS auch nicht bestritten hat. Daß es sich im Bereich der Verdichtungsräume und ihrer Randgebiete nicht in der Form der Abstufung herunter bis zu den Kleinzentren darstellt und hier die Betreuungsbereiche vielfach nicht über das einzelne Gemeindegebiet hinausgehen, ist kein Mangel dieses Systems, sondern zeigt nur auf, wie es in flexibler Anpassung an unterschiedliche Raumstrukturen richtigerweise gehandhabt werden muß, nämlich als System, das überall eine ausreichende Versorgung der Bevölkerung mit Infrastrukturen und Arbeitsplätzen sicherstellen soll, die Versorgung eines Umlands also dort nicht erforderlich ist, wo wegen genügender Bevölkerungsdichte in der Nachbarschaft entsprechende Versorgungseinrichtungen geschaffen und tragbar sind. Das System der zentralen Orte schließt also nach heutigem Verständnis sog. Selbstversorgergemeinden auf der Stufe unterer und mittlerer Zentralität ein. Außerdem sind von einem zentralen Ort bzw. einer Selbstversorgergemeinde höherer Zentralitätsstufe stets auch die Funktionen der niedrigeren Stufe mit wahrzunehmen. In der landesplanerischen Praxis wird das System auch keineswegs starr gehandhabt. Mobile Infrastrukturen und Mehrfachnutzungen, die heute als neue konzeptionelle Ansätze herausgestellt worden sind, werden seit längerem praktiziert: Schulturnhallen

werden auch von Turnvereinen, Lehrschwimmbecken auch für die Bevölkerung allgemein genutzt; die Theater gehen schon jetzt auf Reisen, es gibt mobile Bibliotheken u. a.

4. Die Annahme, das punkt-axiale System oder auch nur das Zentrale-Orte-System sei für Zeiten des Bevölkerungs- und Wirtschaftswachstums konzipiert und könne deshalb unter den veränderten Rahmenbedingungen nicht mehr befolgt werden, entbehrt der Logik.

Das Zentrale-Orte-System ist in seiner ihm innewohnenden Zielsetzung, eine geordnete und funktionierende Raumstruktur und damit gleichwertige Lebensverhältnisse in allen Landesteilen zu gewährleisten, *nicht von einem Wachstum abhängig*. Für die Einführung dieses Systems als raumordnerische Konzeption war nicht die Steuerung des Wachstums als solches entscheidend, sondern die Verhinderung unangebrachter Verdichtungsfolgen in den Ballungsräumen, also einer übermäßigen Verdichtung einerseits und die Vermeidung der Entleerung des ländlichen Raumes andererseits. Diese Besorgnisse bestehen auch unter den veränderten Rahmenbedingungen fort. Vielfach wird z. Z. — was auch heute angeklungen ist — die Sorge geäußert, gerade in Zeiten der Restriktion bzw. des nur geringen Entwicklungspotentials könnte die Sogwirkung der großen Verdichtungen zunehmen. Ob das richtig ist, erscheint mir nicht sicher, kann aber für die angesprochene Frage dahinstehen.

5. Sind aber die drei bisher verfolgten raumordnerischen Ziele

— keine übermäßige Verdichtung,

— keine Entleerung großer Teile des ländlichen Raumes,

— gleichwertige Lebensverhältnisse für alle Bürger

jetzt weiterhin erstrebenswert (und daß sie in diesem Sinne *wünschenswert* sind, ist heute sowohl in den Referaten wie in den Einführungsansprachen ausgeführt worden), so ist das bisher zugrundegelegte raumordnerische System beizubehalten, wenn und soweit es erfolgreich war. Ich glaube, daß dies weitgehend der Fall war.

Dazu sei auf folgende Fakten hingewiesen:

a) Die infrastrukturelle Ausstattung der zentralen Orte ist weitgehend zum Abschluß gekommen. Der Schaffung neuer oder der Aufstufung bestehender zentraler Orte würde es selbst dann kaum noch bedürfen, wenn wir keinen Bevölkerungsrückgang, sondern Stagnation der Bevölkerung hätten.

b) Die Durchdringung des ländlichen Raumes mit industriellen Arbeitsplätzen, vor allem in den zentralen Orten mittlerer Stufe, hat deutlich zugenommen; ich bin dankbar für die diesbezüglichen Feststellungen von Prof. MÜLLER. Das Bruttoinlandsprodukt pro Kopf der Wirtschaftsbevölkerung ist in vielen Landkreisen überdurchschnittlich gewachsen.

c) Die von den Pendlern benötigte Zeit zum Erreichen ihres Arbeits- oder Ausbildungsplatzes hat sich im Zuge des Ausbaus des Achsen- bzw. Straßennetzes merklich verkürzt. Schon 1970 hat sich der Anteil der nur bis zu einer halben Stunde benötigten Pendler gegenüber 1961 vergrößert und der Anteil der über eine Stunde brauchenden Pendler ganz erheblich verringert; mehr als 60 Minuten wurden fast nur noch für Fahrten zu Arbeitsplätzen in den Oberzentren aufgewandt. Eine weitere Verkürzung der Pendlerzeiten dürfte das Zählwerk von 1980 ergeben. Das Pendeln zu den zentralen Orten wird damit immer stärker zumutbar und verdient raumordnerisch meist eine positive Bewertung.

d) Die Bevölkerungsentwicklung gerade der letzten Jahre verlief in den kleinen zentralen Orten bzw. in den Zentren der ländlichen Räume am günstigsten. Ich meine dabei nicht die Geburtenentwicklung, die sich mit einem gewissen time lag zwischen Stadt und Land weitgehend angleicht, sondern die Bevölkerungsveränderung einschließlich der Wanderungen. Zum Beweis möchte ich einige Zahlen aus Rheinland-Pfalz, einem Bundesland mit sehr großen Anteilen an ländlichen und schwach strukturierten Räumen, nennen. Im Landesdurchschnitt war hier in den Jahren 1975/1976 ein Verlust von 1,1 % festzustellen. Die Oberzentren hatten jedoch einen Verlust in fast der doppelten Höhe mit 2,1 %; auch die Mittelzentren lagen mit 1,5 % noch deutlich über dem Landesdurchschnitt. Hingegen hatten die Unter- und Kleinzentren mit 0,5 bzw. 0,2 % ihre Bevölkerung fast halten können. Die gleiche Tendenz ist auch festzustellen, wenn man die Jahre 1973 und 1974 und sogar, wenn man den 6-Jahreszeitraum von 1970 bis 1976 betrachtet.

Eine Maßstabsvergrößerung im Zentrale-Orte-System, die ja in erster Linie zu Lasten der Unter- und Kleinzentren gehen würde, wäre also nicht vereinbar mit dem Willen und dem Verhalten der Bevölkerung des ländlichen Raumes. Die bewußte Aufgabe größerer Teilräume wäre ebenfalls nicht realitätsbezogen und würde nach dem inzwischen erreichten Ausbaustand wohl auch volkswirtschaftlich kaum vertretbar sein.

Ich möchte abschließend feststellen, daß nach unseren Erkenntnissen die zentralen Orte aller Stufen bei der Bevölkerung angekommen sind; wenn die zentralen Orte höherer Stufe insbesondere in den letzten Jahren stärkere Bevölkerungsverluste hinnehmen mußten, so beruht dies auf dem verbreiteten Wunsch nach einem Eigenheim und einem ruhigen Wohnen auf billigem Baugrund, wobei die Nähe des zentralen Ortes durchaus gesucht wird, eine Erscheinung, mit der sich die Raumordnung auseinandersetzen muß und es auch tut, aber ohne das raumordnerische Konzept als solches im Grundsatz anzutasten.

Mit diesen Ausführungen möchte ich mich für meine These von der Bewährung der punkt-axialen Konzeption und des Zentrale-Orte-Systems begnügen. Mit dieser grundsätzlichen Feststellung will ich durchaus nicht Verfeinerungen und Modifizierungen dieses Systems, insbesondere Verbesserungen des Instrumentariums, ausschließen. Daß die Mehrpoligkeit bereit praktiziert wird, und zwar in großen wie in kleinen Räumen, bedarf keines weiteren Beweises (s. Rhein-Neckar-Raum, Nürnberg — Fürth — Erlangen und zahlreiche Mittelbereiche, in denen Mittelzentren mit Teilfunktionen ausgewiesen sind und sich teilweise funktionell ergänzen).

Die Raumordnung kann nur für längere Phasen ihre Konzeptionen entwickeln. Sie kann nur in größeren Zeitabschnitten wirksam werden. Daher ist es gerade in einer Zeit, in der die Raumordnung bei den Fachplanungsträgern und Kommunen, aber auch bei den Parlamenten und im allgemeinen Bewußtsein bei großen Teilen der Bevölkerung mit ihren Begriffen der Zentralen Orte und Achsen Fuß gefaßt hat, *unangebracht*, das gerade Erreichte wieder in Zweifel zu ziehen. Mit den heute gebrauchten Begriffen „Regionalhauptstadt, Metropole" oder noch differenzierteren Abstufungen für die zentralen Orte wird m. E. für die Praxis nichts gewonnen. Wir müssen mit einfachen, klaren Konzeptionen und Begriffen arbeiten, wenn wir nicht das gewonnene Vertrauen aufs Spiel setzen wollen. Mir erscheint inzwischen der Zeitpunkt gekommen, wo deutlich gemacht werden sollte, daß die Raumordnung positiv auf die Raum- und Siedlungsstruktur eingewirkt hat, also im großen und ganzen erfolgreich war.

Professor Dr. Karl-Hermann Hübler, Berlin

Herr Präsident, meine sehr geehrten Damen und Herren!

Zwei Aspekte möchte ich im Rahmen der verfügbaren Zeit ansprechen. Sie können mit den Schlagworten „Illusionen für nicht verdichtete Gebiete" und „Zum Planungsverständnis von Raumordnung und Landesplanung" umschrieben werden.

ad 1: Der Diskussionsbeitrag von Herrn BRENKEN zeigte deutlich, daß die Auffassungen über die Diagnose des Zustandes der nicht verdichteten Räume in der Bundesrepublik noch weit auseinandergehen. Seine Einschätzung der Entwicklungsmöglichkeiten für diese Räume weicht von den Aussagen der Referenten des Vormittags und auch von anderen bekannten Prognosen ab; insbesondere hat er keine Antwort auf die entscheidende Frage gegeben, was bei stark abnehmenden Bvölkerungszahlen mit dem Zentrale-Orte-System werden soll. Ein System oder Planungsmodell, was bekanntlich — wenn ich an die MKRO-Entschließung von 1968 und die Modifizierungen von 1972 (zentralörtliche Verflechtungsbereiche mittlerer Stufe) denke — unter ganz anderen Bedingungen, nämlich Bevölkerungs-, Wirtschafts- und Arbeitsplatzwachstum, zustande kam. Wenn sich die konstitutiven Bedingungen verändert haben, erscheint es unabdingbar, darüber nachzudenken, ob und inwieweit ein solches System noch anwendbar ist. Die Hilflosigkeit von Raumordnung und Landesplanung, ausgehend von der derzeitigen Realität (die beispielsweise in einer Presseerklärung der evangelischen Sozialkammer von vorgestern zutreffend beschrieben ist), die Situation in diesen Gebieten nachhaltig im Sinne der postulierten Ziele zu verändern, mag durch eine — wenn auch nicht allein verantwortlich zu machende — Ursache in der Anwendung von Instrumenten von gestern erklärt werden können. Die bohrenden Fragen der Bürger und Verantwortlichen in diesen Räumen, die oft die Situation sehr viel realistischer einschätzen als Planer, können mit Hinweisen auf den Ausbau der zentralen Orte nicht beantwortet werden.

Was ist zu tun? Ich meine, daß wir darüber nachdenken müssen, ob die Entwicklung von Teilräumen und Regionen künftig nicht sehr viel differenzierter erfolgen muß. Eine am Bundes- oder Landesdurchschnitt orientierte Entwicklungspolitik mit daraus abgeleiteten Zielen und Instrumenten (Ausgleich von Disparitäten, flächendeckende Einzugsbereiche für zentrale Orte u. a.) ist fragwürdig geworden. Ich meine, daß die künftigen Aufgaben der Raumordnung, Landesplanung und Regionalplanung sehr viel stärker darin liegen müssen, entsprechend den jeweiligen Entwicklungsfähigkeiten der einzelnen Region differenziertere Konzepte zu entwickeln. Wir müssen die Probleme der Verdichtungsräume in Kassel anders lösen — mit anderen Instrumenten, mit anderen Entwicklungskonzepten — als in Bremen, Dortmund oder Saarbrücken. Auch ein Entwicklungszentrum in Baden-Württemberg hat voraussichtlich ganz andere Funktionen zu erfüllen als in der Westpfalz oder in der Eifel. Und demzufolge wird auch eine bundes- oder landeseinheitliche Definition dieser Funktionen — und daraus abgeleitet z. B. von Auswahlkriterien — zweifelhaft.

Logisch und konsequent ist es dann auch, in Wissenschaft und Praxis darüber nachzudenken, ob die derzeitige Interpretation der „gleichwertigen Lebensverhältnisse" noch adäquat ist. Die Scheu der Beteiligten, darüber nachzudenken und zu diskutieren, ist rational kaum zu erklären. Diese Abstinenz ist auch insofern verwunderlich, weil jenseits der Grenzen — und denken wir vielleicht in dem Zusammenhang auch einmal über

Europa hinaus und auch in größeren räumlichen Maßstäben (z. B. Bariloche-Modell) — keine Begründungen für diese auf die Bundesrepublik bezogene Inselstrategie gefunden werden können (diese Aussage wird auch nicht durch den Sachverhalt relativiert, daß das Zentrale-Orte-System offensichtlich derzeit ein erfolgreicher Exportartikel ist).

ad 2: Herr DIETRICHS hat heute morgen den Einfluß der Raumordnung auf die Entscheidungsprozesse bei der Verteilung staatlicher Haushaltsmittel vorsichtig analysiert und angeregt, den umfassenden Koordinierungsauftrag der Raumordnung und Landesplanung gemäß § 4 Abs. 1 ROG zu reduzieren. Jüngere Untersuchungen (z. B. von SCHARPF und REISSERT), aber auch praktische Erfahrungen, zeigen die geringe Einflußnahme der Raumordnung auf die Entscheidungsprozesse. Diese Einflußnahme der Raumordnung und Landesplanung hat in den letzten Jahren beim Bund und bei den meisten Ländern trotz des Vorliegens von rechtlichen Regelungen über Mitwirkung, Beteiligung und Koordinierungsaufträge de facto eher noch abgenommen. Die Hoffnungen, die ursprünglich in umfassende Pläne (Bundesraumordnungsprogramm, Landesentwicklungsprogramme und -pläne, Regionalpläne) als Koordinierungsinstrumente gesetzt wurden, haben sich, nachdem diese Pläne fast überall verbindlich vorliegen, nicht erfüllt. Energie- und Konjunkturprogramme des Bundes, Agrarberichte u. v. a. m. weisen deutlich nach, daß — sieht man von Leerformeln ab — von einer materiellen Aufgabenerfüllung der Raumordnung und Landesplanung im Vergleich zum Stand 1965 (Erlaß des ROG) oder einem Vollzug des Gesetzes nicht gesprochen werden kann; im Gegenteil: im Vergleich zum Stand Anfang der siebziger Jahre ist ein Rückgang der Einflußnahme feststellbar. Die knappe Zeit verbietet mir, die oder einige Ursachen für die relative Wirkungslosigkeit dieser Instrumente darzustellen.

In dem Zusammenhang erscheint dann ein Hinweis auf die Anfang der siebziger Jahre mit großer Euphorie begonnene politische Aufgaben- und Ressourcenplanung beim Bund und in den Ländern und deren stille Beerdigung allenthalben oder auch auf die Absichten zur integrierten Verkehrswegeplanung und deren Sachstand nützlich.

Da offensichtlich auch in unserem Gesellschaftssystem die Zeit für solche umfassenden Planungen gesellschaftlicher Sachverhalte vorbei ist oder noch nicht reif ist — ich wage diese Frage nicht zu beantworten —, erscheint es angebracht, darüber nachzudenken, ob nicht andere Planungsansätze weiterhelfen.

Ich kann hier an dieser Stelle auf die Auseinandersetzungen über „integrierte und comprehensive Planung" einerseits und des Inkrementalismus (vgl. dazu die Überlegungen vor allem von D. BRAYBROOKE und CH. LINDBLOM) andererseits nicht eingehen, meine aber, daß fast alle Kritikargumente, die in der theoretischen Diskussion zu integrierten und umfassenden Planungen vorgebracht wurden, auch für das BROP und die meisten Landesentwicklungsprogramme zutreffen. Erfahrungen aus der angelsächsischen Planungsdiskussion und auch über Entwicklungskonzepte für Länder in der 3. Welt sollten hier bei unserer Diskussion stärker ausgewertet werden.

Wenn ich an die relative Hilflosigkeit von Raumordnung und Landesplanung in der aktuellen Energiediskussion denke, so scheint mir dies ein treffender Beweis für den beschränkten Aktionsradius solcher umfassenden Programme und Pläne zu sein. Sie gehen an den aktuellen, zur Entscheidung anstehenden Problemen vorbei und beinhalten Sachverhalte, die durch die tatsächliche Entwicklung schon entschieden wurden oder als Traumgemälde für eine ferne Zukunft zu bezeichnen sind (gleichwertige Lebensverhältnisse).

Mein Vorschlag geht deshalb dahin, die Aktivitäten der Planungspraxis nicht mehr auf die Vervollständigung und Verfeinerung solcher Totalpläne zu legen, sondern im Sinne einer inkrementalen Planung Problemlösungsstrategien für einzelne Sachverhalte zu entwickeln, die zur Entscheidung anstehen. Ein solche problemorientierte Planung hat in der Bundesrepublik ihren Vorgänger im sogenannten Raumordnungsverfahren. Dieses auszubauen und noch effektiver zu instrumentieren, erscheint mir zweckmäßiger, als Totalmodelle und -planungen weiter entwickeln zu wollen, über deren Nützlichkeit und Effizienz zumindest Politiker längst entschieden haben: Sie haben sie schubladisiert (siehe Aufgaben- und Ressourcenplanung). Darüber nachzudenken, weshalb dies so ist und nicht über den geringen politischen Stellenwert der Raumordnung zu klagen, erscheint mir ein Gebot der Stunde zu sein.

Professor Dr. Peter Schöller, Münster

Als in den letzten Jahren das Konzept der zentralen Orte im Instrumentarium von Landesplanung und Raumordnung eine immer beherrschendere Rolle gewann und oft zu starr, formelhaft und schematisch über alle unterschiedlichen Siedlungsstrukturen hinweg angewandt wurde, da war vorauszusehen, daß bald der Pendelausschlag bis zur grundsätzlichen Ablehnung erfolgen würde. Davor sollte jedoch gewarnt werden; denn ungeachtet dessen, ob wir uns jetzt und in Zukunft eines solchen Instrumentariums bedienen wollen, existieren ja zentrale Orte und Zentralitätsgefüge in der Realität unseres Siedlungssystems. Worauf es ankommt ist Differenzierung: Differenzierung bei den Hierarchiestufen und Differenzierung bei den Raumkategorien. Die bisherige Dreigliederung, so griffig sie scheinen mag, wird den real existierenden Bedingungen nicht gerecht. Besonders vordringlich erscheint mir, den Begriff des „ländlichen Raumes" und der „Periphergebiete" neu zu überdenken und zu einer grundsätzlichen Differenzierung der Kategorien zu kommen.

Dipl.-Ing. Dr. Reinhard Breit, Wien

Im Laufe der Sitzung sind viele Fragen angeschnitten worden und offen geblieben. Ihre Behandlung würde zumindest eine weitere Tagung füllen. Ich werde mich aber kurz fassen und nur Stichworte anführen; und das auch auf die Gefahr hin, daß einiges überspitzt klingen und Emotionen auslösen könnte.

Das Tagungsthema „Entwicklungsmöglichkeiten künftiger Siedlungsstrukturen" führt zur ersten Bemerkung: Von künftigen Siedlungsstrukturen und deren Entwicklungsmöglichkeiten ist heute leider nur ein sehr begrenzter Ausschnitt behandelt worden. Neue Konzeptionen und Hinweise auf neue Möglichkeiten wurden nicht gezeigt; nahezu alles heute Gesagte habe ich dem Inhalte nach 1957, als ich in der Akademie für Raumforschung und Landesplanung als Volontär meine Berufstätigkeit begonnen hatte, bereits gehört.

Die Entwicklung der Siedlungsstrukturen zu beeinflussen ist eine der grundlegenden und ursprünglichen Aufgaben von Raumordnung und Landesplanung. Sie wurde oft diskutiert und dennoch weder in vollem Umfang erkannt, noch in nennenswertem Maße bewältigt.

Das Fehlen von Ergebnissen zum Tagungsthema würde ich als Anregung für die Zukunft, als Aufgabenstellung auffassen.

Ein zweites Stichwort kann mit „Dominanz der ökonomischen Betrachtung" bezeichnet werden. Es liegt nicht an der Auswahl von Vortragsthemen und Vortragenden: Der mit den Mitteln der Wirtschaftswissenschaften erfaßbare Sektor räumlich-gesellschaftlicher Planung verfügt heute über die Instrumente und über das Vertrauen der „Entscheidungsträger". Die Planer des alten Stils melden sich kaum mehr zu Wort; sie werden fallweise von der Geographie, auch von einzelnen Juristen unterstützt. Räumliche, funktionelle und gesellschaftliche Strukturen und ihre Entwicklungsmöglichkeiten sind so von der bloßen Wirtschaftssicht in der Planungsdiskussion an den Rand gedrängt.

Wie zum erstgenannten Stichwort ist auch aus diesem Aspekt der Schluß zu ziehen, daß die Arbeit an den „Entwicklungsmöglichkeiten künftiger Siedlungsstrukturen" nunmehr beginnen sollte; und zwar unter Mitwirkung aller relevanten Disziplinen, in besser ausgewogenem Verhältnis. Ein Forschungs- und Entwicklungsmanko ist auszugleichen.

Als drittes Stichwort soll nun der „technologische Aspekt der Ökonomie" in den bisherigen Ausführungen betrachtet werden. Zentrale Fragen waren heute etwa: das Prognoseproblem, das Effizienzproblem, das Problem der Planungsregionen. Diese Art von Problemen hat für den Fachtechniker nicht mehr so zentrale Bedeutung: Er ist ja gewohnt (oder sollte es doch sein), Prognosen als technologisches Hilfsmittel und nicht als Ergebnis zu betrachten; er sollte auch gewohnt sein, von der gestellten Aufgabe und nicht von der Effizienz des eigenen Arbeitseinsatzes auszugehen.

Es überrascht, daß etwa heute noch „realistische Bevölkerungsprognosen als Basis für Raumordnungspläne" gefordert werden. Vielleicht muß das allgemeine Prognoseproblem doch nochmals als Gegenstand weiterführender Überlegungen gewählt werden, deren Ergebnisse dann zu weiterer Verbreitung vorhelfen werden sollte.

Eines der technologischen Teilthemen soll Gegenstand meines vierten Stichwortes sein: die Regionalisierung. Dieses Wort wird oft für die räumliche Abgrenzung von Teilgebieten verwendet, in die ein Planungsgebiet flächendeckend gegliedert werden soll. Im vorliegenden Zusammenhang ist dies ein untergeordnetes technologisches Problem. Dennoch wird es immer wieder zur Grundsatzfrage gemacht und oft mißbräuchlich als Planungsinstrument eingesetzt. Als Aufgabe für die Zukunft ist daraus abzuleiten, daß einerseits Hilfstechniken (wie Regionalisierung oder Prognose) frei verfügbar bereitgehalten werden sollten — um ihre Anwendung nicht von besonderen Verfahren abhängig zu machen —, und daß andererseits Mittel und Wege gesucht werden sollten, eine inhaltliche und verfahrensmäßige Vorbestimmung von Planungsprozessen und -ergebnissen durch Hilfstechniken zu vermeiden.

Als fünftes Stichwort soll die Frage nach der Aufgabe von Raumordnung und Landesplanung den Hintergrund zu den angeschnittenen Problemen erhellen: Diese Frage wurde heute bereits mehrfach und sehr widersprüchlich angeschnitten. Der Begriffswirrwarr von Raumordnung, Raumplanung, Landesplanung usw. soll damit noch nicht berührt werden. Es sollen vielmehr die grundlegend verschiedenen Auffassungen von Raumordnung oder Landesplanung als Ressortplanung einerseits und als Inbegriff der Planung und der Vorsorge für die Zukunft andererseits hervorgehoben werden. Die Ressortplanungsversion läßt dabei die Frage offen, wer dann die zusammenführende Funktion auszuüben habe; aber auch die Version, der Raumordnung die umfassende Aufgabenstellung zuzuschreiben, findet an der unzulänglichen Ausbildung der erforderlichen Methoden und Techniken bald ihre Grenze.

Es wurde die Meinung angedeutet, daß es Aufgabe der Raumordnung und Landesplanung sei, Pläne zu erstellen, die Festlegung solcher Pläne durchzusetzen und die Durchführung der selben Pläne zu betreiben.

Dazu drängt sich die Frage auf: Wozu? Und: In wessen Interesse?

Ist es nicht vielmehr Aufgabe der Raumordnung und Landesplanung, Probleme zu erfassen, Planungsprozesse einzuleiten und abzuwickeln sowie auf die Lösung der erfaßten Probleme hinzuwirken?

Das Instrumentarium von Raumordnung und Landesplanung kann dann nur problemorientiert gefunden werden.

Auch diese Fragen zeigen eine wesentliche Aufgabe für die künftige Arbeit. Auch zu ihr können keine Ergebnisse aus dieser Tagung mitgenommen werden.

Das sechste Stichwort schließt sich an die Aufgaben-Frage an: das Ziel-Problem. Besonders im Hinblick auf die „Entwicklungsmöglichkeiten künftiger Siedlungsstrukturen" und deren Beeinflussung durch Raumordnung bzw. Landesplanung sollte bewußt werden, in welchen Relationen Bedürfnisse, Politik und Planung räumlich-gesellschaftlicher Entwicklung untereinander und zur tatsächlichen Entwicklung stehen. Einzelziele, politische Zielvorstellungen, formalisierte Zielsetzungen und Randbedingungen der Entwicklung können erst systematisch erkannt und erfaßt als Grundlage für die weitere Planungsarbeit dienen. Wieder konnte aus der angebotenen Information eine Aufgabe für künftige Arbeit abgelesen werden.

Aus Referaten und Diskussionen kann abschließend eine alte, aber oft mißachtete Erkenntnis wiedererkannt werden: daß die Verantwortung für die Ergebnisse umfassender Raumplanung und jeder sektoralen Planung nicht teilbar ist, daß diese Verantwortung alle Bereiche durchzieht; es kann nur als Ausrede gelten, wenn etwa angenommen wird, man könne — wie es auch heute mehrfach angeklungen ist — eine Aufgabe aus einem setoralen Gesichtspunkt behandeln und dabei ausschließlich die Kriterien desselben Sektors anwenden und sei somit nur für diesen Sektor verantwortlich.

Tatsächlich liegt die Verantwortung für die gesamte räumlich-gesellschaftliche Entwicklung bei jedem, der auf diese Entwicklung Einfluß ausübt.

Auf diesem Hintergrund möchte ich die angedeuteten Aufgabenstellungen für die künftige Arbeit betrachtet sehen wollen.

Professor Dr. Bruno Dietrichs, München

In Anbetracht der noch ausstehenden Diskussionsbeiträge will ich mich kurz fassen. Ich darf zunächst Herrn BRENKEN für seine Erwiderung danken, weil sie erwartet und eingeplant war und mein Referat eigentlich erst vor diesem Hintergrund die richtige Akzentuierung erhalten hat. Ich darf anregen, daß wir uns in der weiteren Diskussion auf den von mir so bezeichneten „differenzierten Planungsansatz" konzentrieren, auch wenn dieser insgesamt weniger Zustimmung finden sollte. Mein Vorwurf, das Zentrale-Orte-System werde zu starr, zu formelhaft angewendet, wird von Herrn HÜBLER, wenn ich ihn richtig verstanden habe, in diesem Punkt geteilt, sein Vorschlag geht sogar noch weiter, Lösungen für die konkreten Probleme vor Ort zu suchen, während von mir eine gewisse Schematisierung nach Fallgruppen beibehalten wird. Wahrscheinlich wäre ich mit meinem Referat heute morgen nicht fertig geworden, wenn ich noch mehr Gruppen gebildet hätte. Aber es wäre je immerhin ein Anfang, die Oberzentren als solche in drei Gruppen zu gliedern und planerisch unterschiedlich zu behandeln. Ich bleibe dabei, daß dies eine doch etwas realitätsnähere Mindestgruppierung ist. Vielleicht liegt ein gewisses Mißverhältnis darin, daß sich meine Ausführungen noch sehr stark an die erklärte Politik gehalten haben. Sie setzen also nicht erst bei dem an, was wir inzwischen wissen oder schon weiterentwickelt haben, sondern an den vorläufig festgeschriebenen Planungskonzepten. Ein Beispiel ist die Konzeption der „Entwicklungszentren nach dem Bundesraumordnungsprogramm". Da es Jahre gebraucht hat, sie als eine bestimmte Ausformulierung einer Politik, die Bund und Länder gemeinsam wollten, in das Programm hineinzuschreiben, sollte man jetzt nicht davon ausgehen, das Wort „Entwicklungszentren" einfach nicht mehr in den Mund zu nehmen. Es gibt eine ganze Reihe solcher Konzepte, über die man sich stillschweigend einig geworden ist, sie später unerledigt abzulegen. Im Raumordnungsgesetz von 1965 steht zu den Verdichtungsräumen, es sollen räumlich zugeordnete Entlastungsorte ausgebaut werden. Die Bundesregierung hat dazu in Beantwortung der Großen Anfrage zur Raumordnungspolitik vor drei Jahren schlicht erklärt, ein solches Konzept komme in dieser Situation, nämlich der sich abzeichnenden Trendwende, nicht mehr in Frage, unsere neuen Entlastungsorte sind die schwerpunktmäßig auszubauenden Entwicklungszentren. Nunmehr werde die großräumige Entlastung angestrebt. Bedauerlicherweise ist die Entwicklung so weit fortgeschritten, daß man dieses Konzept nun auch streichen muß. Ich wollte nur daran erinnern, wie zeitgebunden Konzeptionen sein können, und nicht weiter auf die Frage eingehen, ob es überhaupt zweckmäßig ist, Raumordnungsziele und -konzepte rechtsverbindlich festzulegen. Aber auch dann besteht die Verpflichtung zur kritischen Überprüfung aus gegebenem Anlaß.

Ihre Ausführungen, Herr BRENKEN, gehen davon aus, daß eine tragfähige Bevölkerung erhalten bleibt. Nach meiner Auffassung ist diese bisher berechtigte Betrachtungsweise jetzt nicht mehr zeitgemäß. Ich bin deshalb davon ausgegangen, daß man abstufend und differenzierend prüft, welche konzeptionellen Änderungen erforderlich sind. — Wenn ich es noch einmal zusammenfassen darf: Zunächst kann man bei vielen zentralen Orten im ländlichen Raum die ganz pauschal festgelegten Verflechtungsbereiche auf ihre tatsächliche Tragfähigkeit abklopfen, um festzustellen, daß in den meisten Fällen noch sehr viel Luft ist, so daß die von der Landesplanung zugewiesene Funktion auch bei Bevölkerungsabnahmen bestimmten Ausmaßes bestehen bleiben kann. Wenn jedoch die Tragfähigkeit bisher schon nicht ausreichte, wie es regelmäßig in den peripheren dünn besiedelten Räumen der Fall ist, wird es schwieriger. Hier muß man sich, das ist meine

Vorstellung, die ich zur Diskussion gestellt habe, auf den Ausweg verlegen, kleine Zentren im Verbund zu planen. Und ich weiß natürlich, daß die Landesplanung das faktisch auch schon tut. Nur, es wird so nicht ausgewiesen! Das Etikett lautet noch bei allen zwei oder drei für einen Zentrenverbund in Betracht kommenden Orten so, daß es im Grunde genommen gleichrangige Mittelzentren sein sollen. Ich meine, da wäre es an der Zeit, zu sagen, daß reihum die mindestens erforderlichen Infrastruktureinrichtungen insgesamt aufrecht erhalten, aber nicht mehr allenthalben bereit gehalten werden. Und dann kommen wir zu dem weiteren Fall, wo es nun wirklich sehr bedrohlich wird. Und dort kann man unter dem generellen Ziel, gleichwertige Lebensbedingungen sichern zu wollen, durch eine disperse Bündelung der Infrastruktureinrichtungen und der Betriebsstandorte immer noch eine gewisse Funktionsfähigkeit der Siedlungsstruktur im Auge behalten. Und erst dann steht überhaupt zur Diskussion, ob man für manche Räume, für die alle diese Konsequenzen ohne Aussicht auf Erfolg durchgespielt worden sind, dann die letzte Konsequenz ziehen und möglicherweise erkennen muß, daß hier eine tragfähige Siedlungsstruktur nicht aufrechtzuerhalten ist. Diese Konsequenzenabfolge war mein Anliegen.

Zwischenfrage:

Ist das nicht erst der übernächste Schritt? Der nächste ist doch wohl das Zusammenschrumpfen auf die Zentralen Orte?

Antwort:

Nein, nach meiner Auffassung sollte vorerst die Zentrenstruktur differenziert werden und dadurch flächendeckend bleiben. Meine Ausführungen sollten ja gerade verdeutlichen, daß ein wie auch immer gearteter Rückzug aus der Fläche nicht zwangsläufig eintreten muß.

Die Bemerkungen von Herrn SCHÖLLER möchte ich dahingehend ergänzen, daß die zentralen Orte nicht nur historisch gesehen keine Optimalpunkte für alle Erreichbarkeiten waren, sie waren es auch theoretisch nicht. Dies ist die faszinierende Vereinfachung an der Zentrale-Orte-Theorie, daß sie als normative Kategorie mit einem Ausschließlichkeitsanspruch ausgestattet wurde. Sie paßt nicht auf die peripher-ländlichen Räume und kann auch das Entstehen großer Verdichtungsräume und Stadtlandschaften nicht erklären. Weiter kann ich es hier nicht ausführen.

Und zu den Ausführungen von Herrn BREIT möchte ich sagen: Ich habe meinen Auftrag nicht so aufgefaßt, Ihnen Diskussionsanregungen zu einer bombastischen neuen Konzeption zu geben. Es geht mir nicht darum, das Zentrale-Orte-System, das tatsächlich eine historische Realität in weiten Teilen des Gesamtraumes geworden ist, sozusagen beiseite zu schieben, sondern darum, unter den veränderten Rahmenbedingungen eine Weiterentwicklung — und das muß nach meiner Auffassung eine Differenzierung sein — zu finden, die verhindert, daß wir Großräume aufgeben und damit absiedeln müssen.

Stadtbaurat Dr. Hans Eugen Gruber, Salzgitter

Das Thema unserer heutigen Veranstaltung lautet: Entwicklungsmöglichkeiten bzw. Entwicklungsmodelle künftiger Siedlungsstrukturen. Versuchsweise definiere ich die Siedlungsstruktur als historisch gewachsene räumliche Ausprägung sozio-ökonomischer, technischer und administrativer Systeme. Wir sollten heute auch über die technische und administrative Seite der Strukturen sowie über Steuerungsinstrumentarien nachdenken. Das zentralörtliche Konzept muß, wie Herr Prof. DIETRICHS es sagt, verfeinert werden. In Zeiten der Stagnation und des Rückganges kann nur eine Differenzierung bzw. ein Überdenken der Standards helfen. Die Arbeit von G. KLUCZKA „Zentrale Orte und zentralörtliche Bereiche mittlerer und höherer Stufe in der Bundesrepublik Deutschland" bringt für mich eine brauchbare Differenzierung. Großzentren nach KLUCZKA — bei Verwendung des Begriffes Metropole hätte ich Bedenken, weil der Anspruch dieser Kategorie relativ hoch anzusetzen ist — stellt die oberste Stufe dar. Oberzentren möchte ich differnziert betrachten. Die Zwischenstufen bereiten hier die meisten Schwierigkeiten. Es ist unstrittig, daß Oberzentren Wachstums- und Enwicklungspole sein sollen. Betrachten wir aber die Stufe darunter. In den meisten Bundesländern differieren die Mittelzentren in ihrer Größenordnung stark, in Niedersachsen zum Beispiel in einer Bandbreite von 20 000 bis 135 000 Einwohner. Neben den zentralörtlichen Funktionen ist noch die Leistungsfähigkeit des Arbeitsmarktes zu betrachten. Da Oberzentren in den Randbereichen der Bundesrepublik relativ weit auseinanderliegen, können Mittelzentren mit Teilfunktionen von Oberzentren nach KLUCZKA vielleicht etwas weiterhelfen, um innerhalb des maximalen Tagespendlereinzugsbereiches, mit dem Aufwand einer halben Stunde Pkw-Benutzung auf einer Wegstrecke, ausreichende Arbeitsplätze für alle wohnungsmäßig nicht mobilen Arbeitnehmer und Arbeitsuchenden in entleerungsgefährdeten Randbereichen bereitzustellen.

Ein weiteres Problem stellen die „Achsen" dar. Das Achsenkonzept ist deswegen so schwierig inbesondere außerhalb der Verdichtungsbereiche zu handhaben, weil es eine abstrahierende Zusammenschau linear oder bandförmiger Fachplanungen darstellt und ungleiche Dinge zu gleichen erklärt. Aus der vergleichenden Betrachtung der Fachplanungen für die technische Infrastruktur, wie Verkehr, Versorgung und Entsorgung, wird erkennbar, daß Siedlungsschwerpunkte, Aktivitätsschwerpunkte in rückläufigen Räumen sehr abhängig von der Leistung und Raumüberbrückungsfähigkeit der verbindenden Achsen sind. In der Überprüfung des Achsenkonzeptes sehe ich einen Ansatz für unsere weitere Arbeit und hoffe, aus dieser Tagung mitzunehmen, daß ein Rückzug aus der Fläche eine grundsätzliche Minderung der Lebensqualität in den Gebietseinheiten nicht bedeuten muß.

Um auch in Zeiten der Rezession ein flächendeckendes System tragfähiger Gebietseinheiten zu erhalten, erscheint es mir erforderlich, daß Auffangszentren in Randgebieten nicht nur in Oberzentralen, sondern auch in voll ausgestatteten mittelzentralen Bereichen angesetzt werden.

Dr. Willy Heidtmann, Bielefeld

Herr Präsident, meine Damen und Herren!

Ich habe mich zu Wort gemeldet, weil ich ein Wort sagen wollte über die Einschätzung des ländlichen Raumes; die negative Einschätzung des ländlichen Raumes, wie sie in beiden Referaten vorgekommen ist. Ich bin damit nicht ganz einverstanden. Ich habe selbst über 10 Jahre lang Raumordnungsfragen mit speziellem Blick auf ländliche Räume bearbeitet und bin heute praktisch jeden Tag mit vielen Problemen aus dem ländlichen Raum konfrontiert, wo ich Rede und Antwort stehen muß. Und wenn ich dieses als Hintergrund nehme, dann sagt die Raumordnung eigentlich immer nur, was *nicht* geht. Oder sie sagt viel zu wenig darüber, was geht! Ich frage mich, wie kommt das? Das kommt vielleicht daher, daß sich die Raumordnungspolitik in erster Linie doch überwiegend an städtischen Leitbildern, an Urbanisierungsleitbildern, orientiert. Auch die Kriterien heute, das Bruttosozialprodukt und die Bevölkerungsdichte, sind im Grunde Indikatoren, die sich an städtischen Maßstäben orientieren.

Es kommt vielleicht zweitens daher, wenn ich es etwas überspitzt sagen darf, daß Raumordnung vorwiegend von Leuten gemacht wird, die Städter sind. Die wenigsten von ihnen wohnen auf dem Lande.

Und es ist drittens vielleicht auch eine gewisse Überbewertung von Prognosen, die ja doch in der Regel nicht aufgehen. Ich will sie damit nicht abwerten.

Und ich meine viertens, daß sich hier so etwas wie eine selffulfilling prophecy vollzieht, daß es dann am Ende doch so kommt, und das ist zumindest von der Psychologie und der Strategie her nicht ganz in Ordnung.

Ich möchte jetzt nicht in denselben Fehler der Referenten verfallen und deshalb fragen: was könnte man tun, damit das mal anders wird? In dem Referat von Herrn DIETRICHS war die Rede von regionalen Mindeststandards; das hieß sonst die Mindestausstattung ländlicher Räume. Dies wurde ja auch sonst in der Vergangenheit gefordert. Ich weiß, das ist keine leichte Aufgabe. Da läßt man sich auf etwas Gefährliches ein. Das sollte man aber doch in Angriff nehmen! Wir müssen zunächst einmal fragen, welche Einrichtungen gehören eigentlich zu diesem regionalen Mindeststandard, der überall verwirklicht werden soll? Welche Kriterien sind zweitens an den ländlichen Raum anzulegen im Hinblick auf Betriebsgröße, im Hinblick auf Einzugsbereiche der Versorgungseinrichtungen und dergleichen mehr. Und dann drittens: Was gibt es sonst noch auf dem Lande, und wie kann dieses für die Raumordnung und Raumplanung nutzbar gemacht werden? Ich glaube, dies sind wichtige Fragen. Die Vorarbeiten sind ja auch schon geleistet, aber man müßte sie viel entschiedener fortführen! Ich möchte der Akademie vorschlagen, einen speziellen Arbeitskreis hier anzusetzen, der sich dann mit dem Problem regionaler Mindeststandards beschäftigt.

Professor Dr. Karl Oettle, München

Meine Damen und Herren!

Ich möchte zu drei Detailfragen Stellung nehmen; die erste betrifft auch den Vortrag von Herrn MÜLLER.

Meine erste Frage gilt der *raumwirtschaftlichen Konkurrenz*, die zwischen Gebieten bzw. zwischen Gemeinden stattfindet. Nach meinem Dafürhalten, Herr MÜLLER, wird sie sich intensivieren, wenn die Entwicklung eintritt, die Sie als möglich bezeichnet haben. Dann ist damit zu rechnen, daß noch stärker als bisher um die räumliche Verteilung jener ökonomischen Potenz konkurriert wird, die in der Bevölkerung besteht. Vielleicht wird ein Teil der Räume und Gemeinden wegen Wettbewerbsunfähigkeit chancenlos sein und aus der Konkurrenz ausscheiden. In diesem Wettbewerb wird es nicht allein auf die Lozierung von Erweiterungsinvestitionen, sondern auch auf die Lozierung größerer Erneuerungsinvestitionen ankommen. Werden diese nicht kontinuierlich, sondern in größeren Schüben vorgenommen, können sie nämlich durchaus Anlaß dafür sein, einen Standortwechsel zu überlegen.

Die zweite Frage richtet sich auf die von den Herren DIETRICHS und BRENKEN angesprochene *Mehrfachnutzung von Anlagen*. Diese ist nur die sächliche Seite der Erscheinung, um die es hier geht; neben ihr gibt es die personale Seite, die man als Arbeitsbündelung bezeichnen kann. Die *Arbeitsbündelung* ist das Gegenprinzip der Arbeitsteilung. Der Arbeitsteilung sind große Produktivitäts-, Wirtschaftlichkeits- und Rentabilitätssteigerungen zu verdanken, sie ist aber dessenungeachtet kein Patentrezept, das anzuwenden überall zweckmäßig ist! Beispielsweise kann es in peripheren, bevölkerungs- und wirtschaftsschwachen Räumen sehr sinnvoll sein, Arbeitsbündelung statt Arbeitsteilung zu betreiben und auf die Routinierungsvorteile zu verzichten, die letztere bringt. Arbeitsbündelung besteht darin, ein und dieselbe Person mit mehreren Aufgaben zu betrauen. Soll sie im öffentlichen Dienst verwirklicht werden, müssen allerdings institutionelle Schranken abgebaut werden, wie sie etwa im Verkehr zwischen Betrieben ein und desselben öffentlichen Eigentümers, so zwischen Bundesbahn und Bundespost, bestehen. Ihre Beseitigung kostet nichts oder fast nichts, erfordert sie doch vor allem Umdenken, Umorganisieren und Abwenden vom Ressortegoismus. Sie kann in ökonomischer, sozialer und landesplanerischer Hinsicht viel Nutzen stiften. Auch die Gewerkschaften sind aufgerufen, hier mitzutun.

Die dritte Frage betrifft die von Herrn DIETRICHS erwähnte *mobile Infrastruktur*. Sie wird, zum Beispiel von der Deutschen Bundespost, verwandt, um stationäre Dienste zu ersetzen. Sie stellt aber auch eine Alternative zur Zentralisierung von Diensten dar. Als solche könnte sie etwa im Schulwesen von Vorteil sein. Allgemein gesagt, beruht sie als Alternative zur Zentralisierung auf dem Grundsatz, lieber wenige öffentlich Bedienstete als viele öffentlich Bediente weitere Wege zurücklegen zu lassen. Sollte sie im Schulwesen verwirklicht werden, so bedürfte es allerdings auch der Abkehr von einigen hochgestochenen, angeblich reformerischen Zielvorstellungen. Je schwächer und je weiter gestreut die „Schulbevölkerung" eines Gebietes ist, um so mehr Verkehrsaufwand muß von Lehrern oder Schülern getrieben werden, um Spezialisierungsziele in bezug auf die ersteren und Differenzierungsziele in bezug auf die letzteren unter sonst gleichen Bedingungen, insbesondere bei gleicher Kapazitätsausnützung, verwirklichen zu können.

Ministerialdirigent Dr. Hans Pflaumer, Bonn-Bad Godesberg

Herr Präsident, meine Damen und Herren!

Ein alter Kollege von mir hat mich bei der Vorbereitung des Haushalts immer davor gewarnt, wie er sagte, dispositiv zu verfahren, d. h., die Erläuterungen zum Haushaltsplan zu ändern, so lange die Summen, die Titel stimmen. Änderungen in den Erläuterungen verwirren die Abgeordneten und führen meistens zur Mittelkürzung. Nun, Herr DIETRICHS hat festgestellt — wenn ich ihn richtig verstanden habe —, daß die Summen bei den einzelnen Titeln nicht mehr stimmen. Die Summen etwa, die Herr MÜLLER heute früh genannt hat, ich muß diese teilweise jedenfalls als gültig betrachten, denn sie sind ja Schätzungen der Regierung, für die ich stehe. Diese prognostizierte Entwicklung ist zunächst einmal richtunggebend für mein Handeln, das ist nicht schädlich.

Herr DIETRICHS hat gefragt, ob er im obigen Sinne nicht auch die Erläuterungen ändern soll, und das hat er getan. Ich halte das für legitim, wenn auch natürlich für eine professorale Kühnheit, der ein Verwaltungsbeamter, wie ich, nicht ohne weiteres folgen kann. Das ist aber auch nicht notwendig. Wenn ich die Frage richtig verstanden habe, dann hat sie doch gelautet: Wie haben die prognostizierten Entwicklungen wahrscheinlich Auswirkungen auf die Erfolge und auf die Erfolgsaussichten unserer Instrumente? Insoweit ist ja das Zentrale-Orte-System ein Instrument, das wir versucht haben anzuwenden, das wir anwenden zur Erreichung des Zieles der Gleichwertigkeit der Lebensverhältnisse in allen Teilräumen. Dieses Instrument ist ja nicht ein Instrument ohne jede Bedeutung, sondern es ist ein Instrument mit Hierarchien. Und auf jeder Stufe dieser Hierarchie entsteht eine ganz bestimmte Anspruchdynamik, die letztlich zu Zuwendungen von Geldgebern führt und deshalb nicht zuletzt ein hochpolitisches Problem ist, d. h. zu Herrn Kollegen BRENKEN auch gefragt: wenn das so ist und wenn wir gleichzeitig aufgrund der Prognosen, mit denen wir arbeiten, sagen, daß die Verdichtung vielleicht nicht mehr eine so große Gefahr ist, wie sie es vor einigen Jahren schien, daß aber die Wanderungen, trotz der Existenz und auch der Wirksamkeit des Zentrale-Orte-Systems ganz offensichtlich stattfinden, Herr Kollege BRENKEN, in manchen Bundesländern weniger und in anderen Gebieten sehr viel stärker, und wenn wir weiter feststellen, daß es offensichtlich einen Faktor gibt, der ganz entscheidend für die Beeinflussung von Wanderungen ist, nämlich die Arbeitsplätze, dann erscheinen mir eine ganze Reihe von Fragen, die Herr DIETRICHS gestellt hat, durchaus legitim gestellt. Und ich darf noch einmal sagen: für einen Praktiker ist natürlich immer wieder eine solche Begegnung mit der Wissenschaft und der Theorie schockierend! Aber wir können sicher nicht — und das hat auch Herr DIETRICHS nicht gemeint — von heute auf morgen, schon gar nicht in der Verwaltung und Registratur, ein System, das vorhanden ist und das, wie auch immer, funktioniert, hier besser, dort schlechter, das wir im übrigen in der Gesetzgebung festgeschrieben haben und das letztens auch überall bekannt ist und deshalb auch einen gewissen Richtmaßstab des Handelns darstellt, von heute auf morgen aufgeben. Wir können nicht und wir wollen nicht! Wir können deshalb eigentlich nur fragen: Wie haben die festgestellten und erwarteten Entwicklungen dieses Systems, mit dem wir bisher gearbeitet haben, modifiziert oder wie werden sie es modifizieren? Es geht für mich keineswegs darum, ein solches System aufzugeben. Die Frage aber, die er gestellt hat nach den möglichen Auswirkungen auf dieses System, die halte ich — wie gesagt — für legitim und ich möchte sie zumindest für mein eigenes Nachdenken für die zukünftige Entwicklung in der Politik gern aufgreifen.

Professor Dr. sc. Tone Klemenčič, Ljubljana/Jugoslawien

Zuerst möchte ich mich herzlichst bedanken für die liebenswürdige Einladung, dieser Plenarsitzung der Akademie für Raumforschung und Landesplanung beizuwohnen. Die Frage der Entwicklungsmöglichkeiten künftiger Siedlungsstrukturen ist auch für uns in Jugoslawien von großer Bedeutung, denn die Urbanisation, der Städtebau, geht auch bei uns verhältnismäßig schnell voran, was noch besonders für mein Land Slowenien gilt. In beiden Vorträgen sind sehr interessante Gedanken, Anregungen und auch Kritiken enthalten; das freut mich sehr.

Aus unserer Sicht, unseren Erfahrungen und unserem Forschungsstudium möchte ich einige Feststellungen hervorheben:

In der Forschung der Frage der Entwicklungsmöglichkeiten künftiger Siedlungsstrukturen werden auch bei uns die Tendenzen bestätigt, daß der Trend des benötigten städtischen Bodens sich schneller entwickelt als der Trend der Anzahl der städtischen Bevölkerung; aber der Trend der Stadtbaukosten hebt sich noch mehr hinauf als der Trend des benötigten städtischen Bodens. Das Problem der Stadtbaukosten vergrößert sich noch mit der fortschreitenden Urbanisation.

Im Institut für Kommunalwirtschaft an der Fakultät für Architektur, Bauwesen und Geodäsie in Ljubljana beschäftigen wir uns seit einigen Jahren mit der Frage der Stadtbaukosten auf dem Gebiet der kommunalen Anlagen. Aus dieser Forschung kommt es deutlich hervor, daß besonders die Stadtbaukosten für die städtischen Verkehrsflächen und für die städtischen Verkehrseinrichtungen und Verkehrsmittel sich im schnellen Aufschwung befinden. Für die Stadt Ljubljana haben wir ausgerechnet, daß die Stadtbaukosten für die angegebenen Zwecke ungefähr 52 % der gesamten Stadtbaukosten für die kommunalen Anlagen für die kommunale Infrastruktur ausmachen.

Dieser Trend wird nach meiner Meinung nicht abnehmen, eher wird er zunehmen. Mit der wirtschaftlichen Entwicklung wird der städtische Verkehr ohne Kreuzungen immer dringender; der städtische Verkehr an seinen Hauptlinien tendiert immer mehr in den Untergrund (in Form der U-Bahn, Metro und auf ähnliche Art). Damit gewinnt man an Zeit; der Verkehr wird sicherer; die Unfälle seltener usw. Der städtische Verkehr im Untergrund ist seitens der Anlagen teurer, aber die Bedürfnisse nach Stadtrekonstruktionen wegen des Verkehrs verkleinern sich, womit bedeutende Ersparnisse erzielt werden können (z. B. Budapest). Für die Einführung des Untergrundverkehrs ist die Stadt von 2 Millionen Einwohnern, von 1 Million Einwohnern keine Grenze mehr. Dafür gibt es Beweise in der Schweiz, der Bundesrepublik Deutschland usw. Auch bei uns zeigt sich angebracht, Reservate für diese Zwecke vorzunehmen, obwohl die Stadt Ljubljana derzeit nur ungefähr 250 000 Einwohner zählt. Die Einführung des Untergrundverkehrs verstärkt bzw. erleichtert die Tendenz der Beibehaltung der bestehenden städtischen Flächenstrukturen, was im Sinne der Ersparnis an Stadtrekonstruktionskosten eine bedeutende ökonomische Überlegung darstellt.

In ähnlich schnellem Aufschwung befinden sich auch die Kosten für die städtischen Grünanlagen, und zwar desto mehr, je schneller sich die Stadt entwickelt. Dazu tragen auch die neuen ökologischen Überlegungen (Freizeitgestaltungsforderungen usw.) bei.

Diese und andere Feststellungen über die Stadtbaukosten bewegen uns zur Forschung der optimalen Größe der städtischen Siedlungen. Immer mehr stehe ich auf dem Standpunkt, daß von keinem absoluten, sondern nur von einem relativen Optimum die Rede sein kann. Das steht auch im Einklang mit unserem offiziellen Standpunkt, wonach wir ein polizentrisches System der städtischen Siedlungen in der Zukunft verfolgen und entwickeln wollen. Dabei müssen auch die intersektoriellen Veränderungen, Produktivitätssteigerung usw. in Betracht gezogen werden.

Hier sind nur einige Gedanken über die Entwicklungsmöglichkeiten künftiger Siedlungsstrukturen aufgeworfen, die in unserem Institut zum Ausdruck kommen. Am Ende möchte ich mit dem Aristoteles-Gedanken schließen: Die Stadt soll so gebaut werden, daß man in ihr sicher und angenehm leben und sich wohl fühlen kann.

Dr.-Ing. Dr. habil. Martin Pfannschmidt, Bielefeld

Sehr geehrter Herr Präsident, meine Damen und Herren!

Die Diskussion neigt sich ihrem Ende zu. Ich beschränke mich daher ausschließlich auf eine Erweiterung der Rahmenbedingungen der Raumplanung und Raumordnung außerhalb ihrer bisher behandelten Probleme.

Als ich hier vor sechzig Jahren jenseits der Weser im Kriegslazarett lag, gab es noch keine Landesplanung. Als ich 1927 von der Stadtplanung Wuppertal-Barmen einen Kopfsprung in die Merseburger Landesplanung für den engeren mitteldeutschen Industriebezirk machte, bestand diese erst seit zwei Jahren, der Siedlungsverband Ruhrkohlenbezirk erst seit sieben Jahren. Bis 1933 gab es nur zweistellige Zahlen von Landesplanern. Sie verständigten sich in der Freien Akademie für Städtebau von ROBERT SCHMIDT persönlich über Ziele und Mittel der Landesplanung, die den Behörden noch fremd waren und von den Landesregierungen im Zweifel eher bekämpft als unterstützt wurden.

Im Jahre 1977 ist die Zahl der Raumforscher und Landesplaner wahrscheinlich auf vier Stellen gestiegen. Ziele und Mittel haben sich zum Teil vertieft. Sie liefen aber ebenso in die Breite, durcheinander und gegeneinander, wie Sie aus der heutigen Diskussion ersehen. Von 1933—1945 wurde die Landesplanung ihren friedlichen Zielen einer gesunden Raumbildung durch die nationalsozialistische Aufrüstung und den Zweiten Weltkrieg entfremdet.

Als die Behörden langsam begriffen, was die Landesplanung leisten könne, wurden ihre Ziele nicht auf die sachliche Raumplanung alter Art beschränkt, sondern in einigen deutschen Ländern wurde versucht, mit ihrer Hilfe neue Industriegesellschaften zu indoktrinieren und verstärkte Ballungen zu sozialisieren. Nach Abschluß des Wiederaufbaus begann damit um 1969 eine neue Entfremdung von ihren humanen Aufgaben, die 1973 mit dem bekannten Wohnhaldenfiasko endete. Die vielschichtigen Gründe dieses Wohnhaldenfiaskos wurden von der Akademie bisher nicht untersucht. Die Effektivität ihrer Raumplanung war inzwischen auf ein früher unbekanntes Niveau gesunken, was durch die gleichzeitig einsetzende Konjunkturverschlechterung und die diese verstärkende Ölkrise von Ende 1973 verschleiert wurde.

Inzwischen haben sich die Rahmenbedingungen und Ziele der Raumplanung so stark erweitert, daß ihre vergangenen Fehler ebenso wie die interessanten Diskussionsthemen dieser Tagung gegenüber ihrer künftigen Bedeutung zu Bagatellen werden.

War die internationale Raumplanung seit dem Zweiten Weltkrieg nach ANDREAS PREDÖHL auf eine vierpolige Industriegesellschaft Westeuropas, der USA, der UdSSR und Japans beschränkt, so ist an ihre Stelle seit Mitte der siebziger Jahre eine weltumfassende Industriegesellschaft getreten, deren vier Welten sich (1) aus den alten europäischen Industrieländern fast ohne eigene Rohstoffquellen, (2) aus den nahezu autarken kommunistischen Großmächten UdSSR und China (wie lange noch kommunistisch?), (3) den monopolistischen Ölmächten des mittleren Ostens und (4) den rohstoffreichen Entwicklungsländern zusammensetzen. Diese sind mit den rohstoffarmen Industrieländern der alten Welt auf Gedeih und Verderb zu einer gleichgewichtigen Marktwirtschaft verbunden. Nach hellsichtigen Ausführungen C. F. VON WEIZSÄCKERS („Wege in der Gefahr..." Hanser 1976) können sich die erste und vierte Welt nur dann zu einem gleichgewichtigen Weltmarkt ohne laufende Subventionen und Beschwerden schwächerer Teile entwickeln, wenn die alten Industrienationen der ersten Welt mit Unterstützung ihrer Gewerkschaften und ihrer internationalen Vereinigungen entschlossen sind, in noch größerem Umfang schon eingeleitete Verlagerungen arbeitsintnsiver Industrien mit geringerem Investitionskapital und technischem Know-how in die Entwicklungsgebiete der vierten Welt durchzuführen, um hierdurch ihre Produktivkraft und Kaufkraft für die Einfuhr kapitalintensiverer Produkte der ersten Welt zu heben. Durch diese Stabilisierung des Gleichgewichts zwischen der ersten und der vierten Welt werden Störungsversuche der zweiten und dritten Welt erschwert und können im Laufe der Zeit einer Annäherung aller vier Welten an einen friedlichen Gleichgewichtszustand weichen.

In Europa sind Großbritannien als Geburtsland der Industriegesellschaft und die Bundesrepublik Deutschland als ihre kontinentale Vormacht die fortgeschrittensten Träger der Raumplanung geblieben. Von ihnen ist Großbritannien ebenso zu einer Bereinigung alter Gewerkschaftsstörungen verpflichtet wie die Bundesrepublik Deutschland zu einer Selbstreinigung von marxistischen Aggressionen, die zwar aus Osteuropa stammen, aber von KARL MARX in Deutschland und in Großbritannien konzipiert wurden. Neben sie treten Japan und die USA. In letzteren haben bisher partielle Regionalplanungen den Vorrang vor Landesplanungen, aus deren Ganzem sie zu entwickeln sind. Wird die Einbeziehung Chinas in diese Pionierländer der Raumplanung von China selbst weiterhin gewünscht und von den Pionierländern unterstützt, so erhalten die nicht marxistisch indoktrinierten Weltregionen vor der einstweilen noch dem aggressiven Marxismus zuneigenden UdSSR ein Übergewicht, das dauerhafte Garantien für die Vermeidung eines Atomkrieges und für die Symbiose einer künftigen Weltindustriegesellschaft mit dynamischem Gleichgewicht geben könnte.

Ltd. Ministerialrat Dr. Alfred Helbig, München

Herr Präsident, meine Damen und Herren!

Der heute früh bei Herrn Prof. DIETRICHS angeklungene Gedanke „los von den Oberzentren", nicht weil wir sie nicht brauchen, sondern weil wir sie doch nicht kriegen, weil das Entwicklungspotential nicht ausreicht, scheint mir ein durchaus neuer Ansatzpunkt für eine bundesweite Umorientierung der Raumordnungspolitik aus realistischer Sicht. Der Hinweis, daß die süddeutschen Länder schon bisher in der Raumordnungspraxis eine Dezentralisierungspolitik betrieben haben, dient nicht dem Zweck, Recht zu behalten, sondern dem Verständnis der Frage an Prof. DIETRICHS: Ist Ihre Forderung, vom zentralörtlichen System abzurücken, das zentralörtliche System aufzulockern, als Vordergrund zu verstehen, die Zentralen Orte generell geringer zu gewichten oder als eine Umgewichtung innerhalb des zentralörtlichen Systems zugunsten der kleineren Zentren entgegen den bisher sehr ausgeprägten Schwerpunktkonzepten?

Wenn wir berücksichtigen, wie sehr wir uns in der Landesplanungspraxis der Länder bemühen müssen, einen leistungsfähigen Nahverkehr zum Arbeitsort mit finanzierbaren Defiziten aufrechtzuerhalten, wenn allein die Schulwegkosten zu einem Verfassungskonflikt führen können, wie das Beispiel eines Landes zeigt, aber die Kosten schon gar nicht mehr im Vordergrund stehen, sondern die Frage, wie oft und wie weit man die Schulkinder zum ZO befördern kann, und wenn darüber hinaus berücksichtigt wird, daß selbst die Kosten der örtlichen Versorgung und Entsorgung im Bereich von Wasser, Abwasser, Energie usw. sich mit dem Streuungsgrad der Siedlung manchmal progressiv steigern, dann glaube ich, müssen wir den Gedanken nach Auflockerung der zentralörtlichen Gliederung nicht im Sinne eines Abbaus der zentralörtlichen Gliederung schlechthin zugunsten von Ortschaften, die selbst in vergangenen Wachstumsperioden stagnierten oder sogar abgenommen haben, sondern im Sinne einer Aufwertung der Kleinzentren verstehen. Ich wäre Ihnen für die Kommentierung dieser Frage dankbar.

Professor Dr. Dr. Hans Harmsen, Hamburg

Herr Präsident,

den letzten beißt die Zeit. Herr Kollege DIETRICHS, Sie haben mit Recht als Aufgabe der Raumplanung hingewiesen auf Entscheidungen auch für fachbestimmte Dienstleistungsbereiche. Ich möchte als Hygieniker in einen Appell an alle Planer, die im ländlichen Raum tätig sind, hinweisen auf die Wandlung, die die hygienische Versorgung und Entsorgung der Landgebiete erfährt. Sie gewinnt zunehmend schnell an Bedeutung. Das gilt zunächst für die ursprünglich rein örtliche Versorgungsaufgabe: Wasserbeschaffung, Abwasserbeseitigung. Heute gewinnt die Gruppenversorgung zwangsläufig an Bedeutung. Damit erfordert der Bereich der Wasserversorgung die Ausweisung ausreichend großer Wasserschutzgebiete als wichtige Planungsaufgabe. Gleiches gilt für die Abwasserbeseitigung, die früher in den nächstliegenden Vorfluter erfolgte. Heute erfolgt mehr und mehr die Erstellung von Gruppenklärwerken. Entscheidend wichtig, weil hier nicht nur über die mechanische Reinigung und die biologische Stufe, sondern über eine dritte chemische Reinigungsstufe die Gefahr der Eutrophierung unserer Gewässer entscheidend beeinflußt werden kann. Das dritte schwierigste Problem: die Müllsammlung und Müllentsorgung. Bitte, bedenken Sie, daß einschließlich aller Großstädte, die ja meistens über Großverbrennungsanlagen mit enormen Investitionen und vielfach Fehlinvestitionen in etwa funktionieren, heute noch 80 % des Mülls in Deponien untergebracht werden; und zwar in geordneten Deponien ohne gesundheitliche Nachteile.

Die Demokratisierung des Planungsvorgangs wurde als letzte Gewalt bezeichnet. Wenn es um die Deponie geht, haben wir überall in der örtlichen Planung größte Schwierigkeiten mit Bürgerinitiativen. Aufgabe der Planung ist im Sinne der Daseinsvorsorge die Auseinandersetzung mit den hygienschen Grundaufgaben der Wasserversorgung, Abwasserreinigung, Müllbeseitigung, die gerade im ländlichen Raum von wachsender Bedeutung sind.

Professor Dr. J. Heinz Müller, Freiburg

Herr Prof. KLEMENCIC, Sie haben sehr interessante Parallelen zwischen Jugoslawien und der Bundesrepublik Deutschland aufgestellt. Gerade hinsichtlich der Siedlungsstruktur, die ja ein Kerngebiet der Raumordnung darstellt, ergibt sich hier sehr viel Verwandtes.

Herr Dr. PFANNSMIDT, ich bedanke mich — zugleich im Namen von Herrn Kollegen DIETRICHS — für die von Ihnen vorgenommenen Erweiterungen und Ergänzungen zu unseren Referaten.

Herr Kollege OETTLE, Sie haben auf die Konkurrenz zwischen Wirtschaftsräumen und Gemeinden hingewiesen, die sich nach Ihrer Meinung in Zukunft noch wesentlich intensivieren wird. Ich stimme dem voll zu und teile auch Ihre Befürchtung, daß sich diese Entwicklung zum Nachteil der ländlichen Räume auswirken kann.

Herr Dr. HEIDTMANN, wie Herr DIETRICHS schätze auch ich die Bedeutung des ländlichen Raumes keineswegs negativ ein. Aber ich meine, daß es in Zukunft angesichts der veränderten Entwicklungsdaten noch schwieriger als in der Vergangenheit sein wird, eine Benachteiligung des ländlichen Raumes zu verhindern.

Herr Kollege HÜBLER, Sie haben sich dafür eingesetzt, daß die Planung stärker regionsspezifisch sein solle, und ich würde Ihnen darin im Grunde zustimmen. Andererseits darf das aber auf keinen Fall zu einem „Rückfall in alte Sünden" führen, als wir auf regionsspezifischer Basis mit Bevölkerungsentwicklungen arbeiteten, die *insgesamt* völlig utopisch waren. Wir dürfen also dabei die Konsistenz der Prognosen nicht aus den Augen verlieren. Das wird aber angesichts der neuen Entwicklungstendenzen in Zukunft noch wichtiger sein als bisher.

Erlauben Sie mir, meine sehr verehrten Damen und Herren, ein ganz kurzes Schlußwort! Ich bedanke mich für Ihre mannigfachen Bemerkungen, die mich gezwungen haben, meine eigenen Thesen zu überdenken und zu präzisieren. Sie haben damit einen wertvollen Beitrag dazu geleistet, daß die eine oder andere Ausführung in der gedruckten Fassung meines Referates besser formuliert und überlegt sein wird als der Vortragstext heute.

Professor Dr. Bruno Dietrichs, München

Ich darf zuerst auf die Frage von Herrn GRUBER eingehen, die zugleich eine Aufforderung enthält, sich mehr mit einer Differenzierung der Oberzentren im Übergangsbereich, nämlich bis zu den Mittelzentren mit Teilfunktionen eines Oberzentrums zu beschäftigen und im Zusammenhang damit auch mit dem zu wenig differenzierten Achsenkonzept. Ich habe es nur andeuten können, daß die ausgebildete zentralörtliche Struktur im Prinzip zu halten ist, während in den durch starke Abnahme der Bevölkerungszahl gefährdeten Räumen eben diese modifizierten Ansätze zu erwägen sind, um aus dem Zwang herauszukommen, entweder ein Zentrale-Orte-System — und zwar voll ausgebaut und voll funktionsfähig — aufrecht zu erhalten oder abzusiedeln. Das bedeutet nicht die Aufgabe des Zentrale-Orte-Systems, aber doch eine deutliche Zurücknahme der Ansprüche an einzelne Zentralorte, die nun einmal festgeschrieben sind. Es spricht ja für die Landesplanung, daß sie im Faktischen, sozusagen unter der Hochglanzpapier-Landschaft, die in Programmen und Plänen rechtlich festgeschrieben ist, doch schon mit Teilverbund usw. operiert, wenn auch bisher nur in Einzelfällen.

Zu der Frage von Herrn HELBIG, ebenfalls in diesem Zusammenhang, muß ich mich etwas deutlicher artikulieren. Es gibt hierbei semantische Probleme. Man kann nicht ausschließlich solche Begriffe, die die Zentrale-Orte-Theorie entwickelt hat, für Vorschläge benutzen, die sie zum Teil aufbrechen sollen. Insofern, Herr BRENKEN, ich darf mich noch einmal an Sie wenden, gibt es innerhalb der Zentrale-Orte-Theorie eine eigene Logik und für diese außerdem noch eine politische Logik. Sie lautet: Warum sollen wir jetzt, nur weil sich eine Trendwende abzeichnet, die Segel streichen und alles wieder aufgeben, was wir bis jetzt durchgesetzt und aufgebaut haben. Dafür habe ich volles Verständnis. Schon aus den sprachlich anders orientierten, eben nicht in der eingeübten Sprache ansatzweise vorgeschlagenen Konzeptionsänderungen kann sich offenbar ergeben, daß sie als wenig logisch erscheinen. Aber es ist manchmal so, daß die Realität auch nicht logisch in dem Sinne ist, daß sie sich den Theorien anpaßt. Wir müssen dann halt unlogisch werden und uns andere Theorien suchen. Das müssen wir zur Kenntnis nehmen, und deshalb, Herr BRENKEN, beanspruche ich für meine Ausführungen eine eigene Logik außerhalb der scheinbar zwingenden Logik des Zentrale-Orte-Systems. Der Begriff der selffulfilling prophecy ist hier gefallen. Wenn eine Regierung sagt, dem Gebiet ist nicht zu helfen, wir müssen mit 20 % Abwanderung rechnen, kann man beinah sicher sein, daß es wesentlich mehr als 20 % werden. Dies ist m. E. aber nicht übertragbar auf die realistische Umwidmung eines Zentrums in ein Teilzentrum. Von daher möchte ich Herrn HELBIG antworten, daß in meinen Ausführungen nicht die ganze Zentrale-Orte-Theorie abgewertet werden sollte, sondern daß es darum ging, von einer großräumig ausgleichenden Politik abzurücken. In den ländlichen Räumen, die sehr dünn besiedelt sind, sollten sicherlich am besten voll funktionsfähige Siedlungsschwerpunkte im Range von Oberzentren ausgebaut werden. Dies war eine bestimmte Politik, an hohe Wachstumserwartungen geknüpft und finanziell auch durchaus realisierbar erscheinend. Und vor wenigen Jahren waren die Prognosen noch so gestellt, daß nur ein Halten des stärkeren natürlichen Bevölkerungswachstums im ländlichen Raum ausgereicht hätte, um diese Konzepte auszufüllen. Diese großräumig gegensteuernde Konzeption, die ich nicht mehr für realisierbar halte, ist ja auch so umschrieben worden, daß man in die peripheren ländlichen Räume Städte wie Pflöcke einschlagen soll. In der Konsequenz bedeutet die Änderung der Konzeption natürlich, daß man jetzt sehr viel kleinteiliger und differenzierter planen muß. Insofern, Herr HELBIG, möchte ich zugeben, daß die Auswirkung für das Zentrale-Orte-System im Grunde genommen auf eine Aufwertung der kleineren Zentren einschließlich der Kleinzentren hinausläuft, die jetzt für den Teilzentrenverbund benötigt werden.

Zu Herrn HEIDTMANNS Beitrag möchte ich sagen — und ich glaube es auch im Namen von Herrn MÜLLER sagen zu dürfen —: Eine negative Einschätzung des ländlichen Raumes war bei den beiden Rednern heute morgen keineswegs gegeben, schon gar nicht in dem Sinne, daß man dem ländlichen Raum weniger zugestehen will, weil man ihn mit der Brille des Städters sieht. Es ist einfach ein Faktum, daß der ländliche Raum schon immer gefährdet war und jetzt offenbar noch stärker gefährdet sein wird. Es kann jedenfalls nicht die Ausgangsbasis einer solchen Diskussion sein, als allererste Reaktion das Ziel gleichwertiger Lebensbedingungen für diese Räume über Bord zu werfen, weil wir die Zentralen Orte dort, wo es bisher nicht möglich war, in Zukunft noch weniger werden ausbauen können. Die Überlegungen gehen davon aus — so auch in der Raumordnungspolitik —, daß man in jedem Falle dem ländlichen Raum die Einhaltung regionaler Mindeststandards garantieren muß, wenn auch, wie ich meine, nicht in jedem Falle durch das herkömmliche Zentrale-Orte-System.

Zur Anregung von Herrn OETTLE möchte ich noch sagen, daß die personelle Arbeitsbündelung von mir nicht in Betracht gezogen worden ist. Dies ist ein weiterer interessanter Aspekt, zu dem ich mich zunächst noch nicht äußern kann. Für die Mehrfachnutzung liegt eine Analogie zur mobilen Infrastruktur nahe, die ja nicht nur sächlich, sondern auch personell gemeint ist.

Herr HARMSEN hat ebenfalls auf eine wichtige Ergänzung hingewiesen, daß man in den Bereichen Wasser, Abwasser, Müll längst von der rein örtlichen Ver- und Entsorgung abgegangen ist und Funktionen bündelt, und zwar nicht punktuell im zentralen Ort, sondern durchaus im Sinne dispers gebündelter Infrastruktur.

Herrn PFLAUMER darf ich antworten, daß ich mich richtig verstanden fühle. Es ist in der Tat mein Anliegen, die in der Hierarchie der Zentralen Orte begründete Anspruchsdynamik auf einen realistischen Erwartungshorizont zurückzuführen und die Etiketten sowie die Erläuterungen zu diesen Überschriften entsprechend zu ändern.

Schlußwort

Vizepräsident Professor Dr. Karl Oettle, München

Meine sehr verehrten Damen, meine sehr geehrten Herren!

Zusammen mit dem einleitenden Wort von Herrn Präsidenten NIEMEIER haben wir heute eigentlich drei Vorträge gehört.

Herr NIEMEIER hat den Ort des diesjährigen Generalthemas in der Abfolge der Plenarsitzungen beschrieben und den Ort der Abfolge zusammengehöriger Generalthemen der letzten Jahre im Zeitgeschehen markiert. Die zusammengehörige Abfolge der letzten Generalthemen hatte die denkbaren und die in unserem Staatswesen tatsächlich bestehenden Handlungsmöglichkeiten des Raumplaners zum Gegenstand.

Herr MÜLLER hat in seinem Vortrag dargelegt, vor welche demographischen und wachstumsökonomischen Situationen die Raumplanung in den vor uns liegenden Jahrzehnten womöglich gestellt sein könnte. Herr MÜLLER hat des weiteren aufgewiesen, wie dieselben Ursachen, die uns mit neuen Situationen konfrontieren, zugleich unsere Möglichkeiten einengen, ihnen zu begegnen. Herr MÜLLER hat an dem Handlungsspielraum der Landesplanung ein allgemeines Dilemma exemplifiziert: die Zunahme von Anpassungsbedürfnissen wegen Bedarfswandels, wegen technisch-ökonomischer Fortentwicklung und wegen Konkurrenzwandels bei gleichzeitiger Abnahme der Anpassungsmöglichkeiten. Die Schere zwischen der Zunahme von Elastizitätsbedürfnissen und den Verlusten an Elastizität öffnet sich nicht nur in der Landesplanung, sondern in vielen Wirtschaftszweigen, vor allem auch in der Industrie.

Herr DIETRICHS hat uns auseinandergesetzt, warum seines Erachtens die derzeit eingeführten Entwicklungskonzeptionen unserer Raumplanung teilweise bisher schon und in zunehmendem Maße künftighin nicht greifen können. Er hat diese Kritik des heutigen Instrumentariums verknüpft mit Ausblicken auf Möglichkeiten, trotz sich verschlechternder planerischer Bedingungen auf Radikallösungen verzichten zu können. Das Stichwort, das er uns gab, heißt „Differenzierung der Ziele und des gedanklichen planerischen Werkzeugs".

Es sei versucht, einige meines Erachtens tragende Gesichtspunkte der einzelnen Vorträge zu würdigen!

Im Mittelpunkt des einleitenden Vortrages von Herrn NIEMEIER hat nach meinem Dafürhalten das Bedürfnis der Planer gestanden, das Verständnis einer größeren Zahl von Bürgern zu wecken für die Probleme größerer Räume sowie für die Zusammenhänge zwischen eigenen Ansprüchen an die öffentliche Hand und begrenzten Möglichkeiten, sie alle ohne gegenseitige Beeinträchtigung zu erfüllen. Beide Problemgebiete sind miteinander verknüpft. Größere, bessere Möglichkeiten der Bedarfsdeckung sind teilweise „raumgreifend", wie sich an Hand von Beispielen aus dem Verkehr, der Wasserversorgung, der Energieversorgung und der Entsorgung leicht zeigen ließe. Das Raumgreifende fordert einen Ausgleich widerstreitender Interessen benachbarter wie über- und untergeordneter Gemeinwesen sowie von Gemeinwesen und Einzelnen. Es ist Aufgabe des womöglich vernachlässigten ökonomischen Teils der staatsbürgerlichen Erziehung, die jungen Menschen immer wieder darauf hinzuweisen, daß Versorgungsfortschritte außer monetären auch nicht-monetäre Preise haben und nicht oder nur unvollkommen wahrgenommen werden können, wenn diese Preise nicht entrichtet werden.

Aus dem Vortrag von Herrn MÜLLER sei hervorgehoben, daß wichtige Wirtschaftszweige daraufhin durchgemustert wurden, was die Änderung des *einen* Bestimmungsfaktors „Bevölkerungszahl" und des *anderen* „Altersstruktur der Bevölkerung" jeweils für ihre künftigen Absatzchancen auf Binnenmärkten bedeutet. Aus den Absatzperspektiven, die sich ergaben, hat Herr MÜLLER Rückschlüsse auf künftige Erweiterungsinvestitionen gezogen. Aus den Aussagen über künftige Erweiterungsinvestitionen wiederum hat er auf die künftige Einengung landesplanerischer Spielräume in der Gewerbeansiedlungspolitik geschlossen. Neben den von Herrn MÜLLER betrachteten Bestimmungsfaktoren der wirtschaftszweiglichen Entwicklung stehen weitere, heute nicht untersuchte. Sie können kompensatorisch, aber auch kumulativ zu den heute ins Blickfeld gerückten Bestimmungsfaktoren wirken. Man denke nur an die Möglichkeiten der Veränderung von Exportchancen der betrachteten Wirtschaftszweige! Durch Einbeziehen weiterer Bestimmungsfaktoren von Absatzchancen ließe sich das fortsetzen, was uns Herr MÜLLER heute vorgeführt hat. Wichtig scheint mir zu sein, daß allein die gewählte wirtschaftszweigspezifische Betrachtung konkrete Hinweise auf den Fortgang der wirtschaftlichen Gesamtentwicklung zu gewinnen gestattet.

Zu dem Referat von Herrn DIETRICHS sei gesagt, daß es wohl gewissermaßen als Abschied gedacht gewesen ist, als Abschied von einem schönen, geschlossenen System des landesplanerischen Instrumentariums. Wenn ich es richtig sehe, sind gleichartige Lebensbedingungen nach Auffassung von Herrn DIETRICHS nur dann ohne Bildung von Leerräumen herbeizuführen, wenn an die raumspezifischen Entwicklungsansätze angeknüpft und auf das Schematisieren von Entwicklungszielen und Mitteleinsätzen verzichtet wird. Das ist eine Vorgehensweise, die das geschichtlich Gewachsene berücksichtigt. Sie ist zugleich höchst ökonomisch, weil sie sich bemüht, die Kräfte zu mobilisieren, die nun einmal, geschichtlich geworden, an Ort und Stelle sind. Gegen einseitige Rezepturen hat sich Herr DIETRICHS auch bei der Nennung einzelner neuer Mittel gewandt. Wohl dürfte der vorgeführte Katalog ergänzungsbedürftig sein. Aber es geht hier um das Prinzip. Es heißt, statt Spezialisierung als Allheilmittel anzusehen, sie dort auch wieder abzubauen, wo sonst die wirtschaftliche Tragfähigkeit des betreffenden Gebietes oder Ortes überstrapaziert würde.

Die Vorträge haben eine lebhafte, teilweise ernsten Widerspruch anmeldende Diskussion hervorgerufen. Die Vorträge sind also, worüber Einmütigkeit bestehen dürfte, fruchtbar gewesen, was immer auch der Einzelne über ihren Inhalt gesagt oder nur gedacht hat. Von vornherein mußte allerdings feststehen, daß sich das Generalthema „Entwicklungsmöglichkeiten künftiger Siedlungsstrukturen" mit zwei Vorträgen nicht ausschöpfen läßt. Die Vorträge haben zwei wichtige Ausschnitte aus dem großen Fragenkreis behandelt, der vom Generalthema angesprochen worden ist.

Bei allen in der Diskussion zu Tage getretenen Einsprüchen gegen vorgetragene Thesen glaube ich, Einigkeit darüber feststellen zu dürfen, daß unsere planerischen Instrumente differenzierungsbedürftig sind oder, so sie ein System bilden, in differenzierter, nicht in uniformierter Weise anzuwenden sind. Das ist auch in Ihrem Beitrag, Herr BRENKEN, zum Ausdruck gekommen. Die Instrumente sollen auf Verhältnisse angewandt werden, die historisch gewachsen und daher oft von raum- oder gemeindeindividueller Natur sind. Ganz allgemein gesagt, können Werkzeuge um so besser greifen, je besser sie auf das Werkstück eingestellt sind. Das gilt im übertragenen Sinne auch für die gedanklichen Werkzeuge, mit denen wir es bei unseren Überlegungen zu tun haben.

Differenzierungen in der Analyse dienen der realen Sicht von Tatbeständen. Differenzierungen in der Ziel- und Mittelwahl verbessern nicht nur die monetäre Ökonomie der Entwicklungsgestaltung. Sie sind auch in einem weiteren Sinne ökonomisch, wenn es gilt, Freiheitsspielräume der privaten Haushalte, der Gewerbebetriebe und der Gemeinden zu erhalten oder zu vergrößern.

Besonders berührt hat mich der Appell von Herrn IVERSEN. Sein Beitrag hat mich an ein Studienerlebnis erinnert. Wir Tübinger Ökonomen hatten in ERICH FECHNER einen vorzüglichen Rechtslehrer, der uns auch die menschliche Seite von Rechtsfiguren nahezubringen versucht hat. So ließ er an einem schönen Vorlesungstag echte Wechsel, nicht leere Formulare, umlaufen, die eine individuelle Geschichte hatten. Er betonte, daß die Geschichte der Wechsel mit menschlichen Schicksalen verflochten war. So ist es sicher in viel größerem Maßstab mit den Werkzeugen, die wir als Landesplaner benützen. Gebündelte menschliche Schicksale werden von dem Einsatz und von der Änderung des Einsatzes unserer Instrumente berührt. Deshalb ist es gewiß eine sittliche Aufgabe des Landesplaners, sich um Vertrauensgewinn bei den Bürgern zu bemühen und so von seiner Seite aus mit seinen beschränkten Möglichkeiten einen Beitrag zur Stabilisierung unseres Staatswesens zu leisten.

Das Bemühen, über die Landesplanung Vertrauen in unseren Staat zu gewinnen, setzt außer der Beachtung bürgerschaftlicher Bedürfnisse auch den landesplanerischen Vertrauensschutz voraus. Er besteht darin, daß man Erhaltungsmaßnahmen gegenüber einem gefährdeten Raum nicht dann abbricht, wenn sich zeigt, daß die mit ihnen verfolgten Entwicklungsziele tatsächlich oder scheinbar nicht erreicht werden. Er besteht darin, daß man den Raum auch in diesem ungünstigen Falle weiter unterstützt. Verfährt man anders, wird das Vertrauen in das Durchhalten einmal in Angriff genommener landesplanerischer Förderungs- und Erhaltungsmaßnahmen nicht nur an der betroffenen Stelle, sondern allgemein verletzt mit Folgen für viele Wohnsitz- und Standortentscheidungen hier und anderswo. Den Grundsatz des landesplanerischen Vertrauensschutzes einzuhalten, wird allerdings in dem Maße schwerer, kostspieliger, in dem sich das realisieren sollte, was heute über unsere Entwicklungsaussichten gesagt worden ist. In dem Maße steigen die landesplanerischen Entwicklungsrisiken. Mit deren Steigen verbietet sich aber nicht etwa das landesplanerische Wagnis von selbst. Die zunehmenden Risiken werden wohl eingegangen werden müssen, wenn radikale Lösungen — insbesondere aus humanitären Gründen — vermieden werden sollen.

Soviel zu der heutigen wissenschaftlichen Tagung! Zum Schluß darf ich den Dank der Akademie aussprechen: allen Teilnehmern für das an der Tagung gezeigte Interesse; den Referenten und den Diskutanten für die aufgeworfenen Fragen, die verschafften Einsichten und die anregende Kritik; Herrn LOWINSKI für die gute Leitung der Diskussion; dem gastgebenden Stadtstaat für den freundlichen Empfang und für die schönen Veranstaltungsräume; den Gästen der Akademie für das gezeigte Interesse an unserer Arbeit; den Mitarbeitern der Akademie für die Mühen der Vorbereitung dieser und der anderen Sitzungen.

Forschungs- und Sitzungsberichte
der Akademie für Raumforschung und Landesplanung

Band 108 (14. Wissenschaftliche Plenarsitzung)

Planung unter veränderten Verhältnissen

Aus dem Inhalt:

		Seite
	Zum Geleit	VII
Karl Schwarz	Referat: Planung unter veränderten Verhältnissen — Demographische Aspekte —	1
Rainer Thoss	Referat: Planung unter veränderten Verhältnissen — Ökonomische Aspekte —	15
Wolfgang Riemann	Referat: Planung unter veränderten Verhältnissen — Planerische Aspekte —	41
	Kurzberichte über die Diskussionsergebnisse in den Arbeitsgruppen:	
	Gruppe 1: Ziele der Raumordnung und Landesplanung für künftige Raumstrukturen	51
	Gruppe 2: Ökologische Probleme	53
	Gruppe 3: Strukturveränderungen in Siedlungsräumen	54
	Gruppe 4: Stadtumbau und Stadterweiterung	57
	Gruppe 5: Soziale Infrastruktur am Beispiel der Schulplanung	59
	Gruppe 6: Planungsinstrumente	61
	Diskussionsbericht (Plenumsdiskussion)	63
	Zur Wahl des Tagungsortes Duisburg	67

Der gesamte Band umfaßt 68 Seiten; Format DIN B 5; 1976; Preis 26,— DM.

Auslieferung

HERMANN SCHROEDEL VERLAG KG · HANNOVER

Forschungs- und Sitzungsberichte
der Akademie für Raumforschung und Landesplanung

Band 119 (15. Wissenschaftliche Plenarsitzung):

Standort und Stellenwert der Raumordnung

Aus dem Inhalt:

		Seite
	Zum Geleit	1
Hans-Gerhart Niemeier	Eröffnung und Begrüßung	3
Heinrich Holkenbrink	Begrüßung namens des Landes Rheinland-Pfalz	5
Kurt Schneider	Begrüßung namens der gastgebenden Stadt	8
Hans Pflaumer	Begrüßung namens des Bundesministers für Raumordnung, Bauwesen und Städtebau	10
Edwin von Böventer	Referat: Raumordnungspolitik unter veränderten wirtschaftspolitischen Bedingungen in der Bundesrepublik Deutschland	11
Fritz W. Scharpf	Referat: Politische Bedingungen der Wirksamkeit raumordnerischer Steuerungsinstrumente	25
Hans-Gerhart Niemeier	Referat: Standort und Stellenwert der Raumordnung — Rechtliche Bedingungen	39
Karl Oetlle	Schlußwort	49
	Diskussionsbericht	52

Der gesamte Band umfaßt 55 Seiten; Format DIN B 5; 1977; Preis 24,— DM.

Auslieferung

HERMANN SCHROEDEL VERLAG KG · HANNOVER